누구나
이삭줍기 할
때가 있다

작은소리 도서출판 작은소리

작은소리는 하나님께서 엘리야 선지자에게 들려주신 세미한 음성을 상징합니다. 좌절하고 낙심했던 엘리야는 하나님의 작은 소리로 새 힘을 얻었습니다. 성경을 통해 이 시대를 향한 하나님의 세미한 음성을 전달하는 사명으로 출판 사역을 시작합니다. 도서출판 작은소리는 이 시대를 사는 사람들의 '하나님 깨닫기'를 돕고자 합니다. 작은소리가 삶을 흔드는 큰 소리가 되기를 소망합니다.

일러두기

이 책은 「축복인생」 2006년, 생명의말씀사 의 개정증보판 입니다.

이문장 목사 강해 시리즈 - 룻기

누구나
이삭줍기 할
때가 있다

Anyone
May Face
Extremity

이문장 지음

목차 contents

　　이문장 목사님은 영국, 싱가포르, 미국 등에서 신학자이자
교수로서 20년간 활동하다가 2010년 귀국하여 지금은 두레교
회를 섬기고 있습니다. 특히 영국의 명문 에든버러대학교 신학
부 교수 채용 시, 전 세계에서 지원한 40여 명의 석학 중 단연
최고로 평가 받고 교수가 되었습니다. 그 동안 한국 신학계와
교계를 위해 많은 역할도 하였습니다.

　　이문장 목사님이 이번에《누구나 이삭줍기 할 때가 있다》를
출판하게 되었습니다. 세계적인 신학자가 이젠 목회자가 되어
출중한 성경 강해서를 내놓은 것입니다.

　　이 책은 우선 쉽고 재미있으며 현실적 적용이 탁월합니다.
학자로 글을 쓰면 어려울 수 있지만 이문장 목사님의 룻기 강해
서는 읽기가 아주 쉽습니다. 심오한 내용을 쉽게 풀어주고, 본문
의 세계를 깊숙이 들여다 본 후 말씀의 이치를 길어내 주고, 그
내용을 복문이 없이 주로 단문과 중문으로 전달하는 점이 돋보
입니다.

　　이 책은 생명의 책인 성경의 매력을 잘 살려내 주고 있다는
점에서도 우리의 관심과 흥미를 끌기에 충분합니다. 룻기가 룻
이라는 한 여인의 선행과 미덕의 이야기에서 그치는 것이 아니

라, 메시아의 선조로서 생명과 복을 실제 삶으로 누리게 되기까지의 영적 순례의 여정을 흥미진진하게 추적해 밝혀준다는 점에서 흥미롭습니다.

이문장 목사님의 강해서는 현실적 적실성을 잘 살렸습니다. 고난을 통해 '진짜' 하나님의 사람이 된다는 해석이나, 깨달음은 떠남을 통해 현실로 연결된다는 해석 등 룻기의 말씀을 오늘도 살아 운동력이 있는 말씀으로 체험하도록 도와줍니다.

이문장 목사님의《누구나 이삭줍기 할 때가 있다》는 목회자나 신학생을 위한 강해 설교의 모범을 제시해 주는 차원을 넘어서, 성도들에게도 쉽게 빨려 들어가 말씀의 능력과 생활 변화를 체험할 수 있도록 해 주는 주옥(珠玉)같은 책입니다.

탁월한 신학자요 목회자가 집필한 이 책을 통해서 한국교회 강단이 한결 더 풍성해지고 현실적인 삶의 현장에 하나님의 생기가 돌기를 바랍니다.

권성수 목사 **동신교회 담임목사**

먼저 본 추천인은 이문장 목사님과 오랫동안 교제한 사람으로서 이 귀한 책을 내게 하신 주님을 찬미하며 추천의 글을 쓸 수 있는 것을 큰 영예로 생각합니다.

신약성경에 대한 바른 이해는 필연 구약성경에 대한 바른 이해의 지평과 맞닿아 있습니다. 또한 구약을 바르게 이해하려면 구약 계시와 언약의 성취자이신 그리스도의 조명을 반드시 필요로 합니다. 구약의 본문에서 그리스도를 확인하고, 그리스도께서 구약의 하나님이 보내신 자로 확신하고(요 6:38, 40), 구약과 신약을 구속사와 언약의 성취라는 통전적 시각으로 연결하여 해석해야 합니다. 사도 바울이 지적한 바와 같이, 유대교처럼 신약의 조명 없이 구약을 해석하는 것은 오류입니다(고후 3:14-16).

이런 의미에서 이문장 목사님의 《누구나 이삭줍기 할 때가 있다》는 설교자들과 성도들 모두에게 좋은 길잡이가 될 것입니다. 이문장 목사님은 아브라함으로부터 다윗을 거쳐 그리스도에 이르는 하나님의 큰 구속계획의 구도 안에서 룻이 쓰임 받은 것이라는 사실을 전제하면서, 그녀의 참된 믿음의 행적을 섬세하게 추적하여 오늘 우리가 잘 소화할 수 있도록 본문 말씀을 강해해 주고 있습니다.

오늘 이 시대에 참 설교자가 요구되는데, 그 설교자의 필수 요건은 주님께서 주신 영감과 학자적 소양과 정신입니다. 흔히 학자의 설교는 어렵다는 인상을 받기 쉽습니다. 그러나 루터, 칼빈, 존 오웬, 청교도 설교자들, 조나단 에드워즈, 스펄전, 라일, 로이드 존스와 같이 교회사에서 '궁창 위에 빛나는 별 같이 하나님께 크게 쓰임 받은 설교자들'(단 12:3)은 모두 '학자들'이었습니다. 소명의식을 갖고 성령님의 영감에 늘 의존하여 성경을 연구하고 묵상하고 기도를 통해 전달하는 확신에 찬 능력 있는 설교는 학자의 정신을 가진 설교자에게서만 나옵니다.

학적인 경륜을 가졌으면서도 여전히 '참 목회자요 설교자'가 되기를 더욱 소원하는 이문장 목사님의 이 책을 통하여 룻기에 담겨 있는 주님의 은혜와 진리의 깊은 샘을 만날 것입니다.

서문 강 목사 **중심교회 원로목사**

인간은 한 사람도 예외 없이 보이지 않는 '인식의 안경'을 쓴 채 세상을 바라봅니다. 우리 시대 인식의 안경 형성에 지대한 영향을 미치는 것은 과학과 이성적 학문에 바탕을 둔 무신론, 하나님을 배제하는 인본주의입니다. 이러한 시대에 성경의 잣대(canon)를 소중히 여기고 성경으로 어두운 시대를 밝혀 볼 수 있도록 돕는 책을 접하는 것은 참 중요합니다. 이스라엘 역사에서 특별히 어둠이 짙었던 사사 시대에 빛을 발했던 룻기의 내용은 귀한 모델을 제시해 줍니다.

우리 시대의 상황을 볼 때 이문장 목사가 《누구나 이삭줍기 할 때가 있다》를 출판한 것은 시의적절하다고 봅니다. 그는 영국에서 학위를 마친 후 영국과 싱가포르, 미국에서 교수 생활을 하며 많은 글과 저서를 집필했습니다. 그의 글은 짧으면서도 깊이와 넓이가 상당함을 발견합니다. 성경에 대한 그의 시각은 학자의 눈에 그치지 않습니다. 모든 것이 하나님과 연결되어 있다는 성경적 세계관에 입각해 조명합니다. 그렇기 때문에 하나님이라는 단어를 자주 접하게 됩니다. 당연합니다. 모든 것이 하나님의 손에 있기 때문입니다.

이문장 목사의 룻기 강해서는 하나님의 말씀을 잣대로 세상을 조망하며, 이 세상의 영적인 문제를 해부하고 그 핵심을 꿰뚫어 보도록 안내합니다. 세상으로 잔뜩 오염된 우리의 인식의 안경을 닦아 줄 것입니다. 안경 렌즈의 도수를 조정해 주고 세상을 바라보는 해상도를 높여줄 것입니다. 우리 주변의 일상 속에서 하나님을 보는 눈을 서서히 밝혀줄 것입니다. 그리고 모두가 세상을 밝히는 일꾼으로 변화되도록 도울 것입니다.

죄에 함몰된 세상 속에 운행하시는 하나님의 헤세드를 체험하는 길은 복음 외에 다른 방법이 없다는 저자의 관점에 강력히 동의하기에 이 책을 적극 추천합니다. 단지 이문장 목사의 친구로서가 아니라 함께 하나님의 종이요 하나님 나라를 위해 힘쓰는 동역자로서 흔쾌히 이 책을 추천합니다.

박성민 목사 **한국대학생선교회(CCC) 대표**

이번에 《누구나 이삭줍기 할 때가 있다》란 제목으로 룻기 강해서를 출판하게 되었습니다. 이미 출간되었던 책인데 전체적으로 다듬고, 몇 군데 내용을 수정하고, 새롭게 추가했습니다. 성경 본문의 세계를 좀 더 현장감 있게 재현하고, 그 안에 드러나는 영적인 이치들을 두루 살펴 전달하려고 하였습니다.

룻은 이방 여인으로서 이스라엘 언약 공동체의 일원이 된 사람입니다. 초대교회는 오순절 성령 강림 이후 비로소 이방인과 식탁교제를 갖기 시작했고, 교회 공동체 안에 이방인도 당당하게 들어올 자격이 있다고 선언하였습니다. 사도 바울은 믿음으로 의롭게 되는 길에 유대인과 이방인의 차별이 없다고 했습니다. 룻기서는 그 보다 약 천 년 전에, 하나님의 웅장한 인류 구원계획이 룻을 통하여 이미 실현되고 있음을 보여줍니다. 룻은 다윗의 할아버지인 오벳을 낳았습니다. 메시아의 가문에 이방 여인의 이름이 올라간 것입니다. 룻은 구원 역사의 선험자로 신약의 지평에 우뚝 선 여인이었습니다.

하나님의 구원계획이 실현되는 현장은 그야말로 평범한 일상입니다. 가난한 자들을 위해 던져진 이삭들로 너저분한 그 밭, 룻과 나오미의 삶이 밑바닥까지 전락했음을 증명하는 그 밭, 그곳이 하나님의 구원계획이 마침내 모습을 드러내는 현장이었습니다. 개인과 가정, 교회와 국가도 이삭줍기 할 때가 있습니다. 그러나 이삭줍기를 해야 하는 그 곳이 삶의 시공간과 하나님의 '카이로스'가 교차하는 지점이 될 수 있습니다.

우리는 룻기를 통해 지극히 '우연'인 것처럼 보이는 현상들이 연결되면서 신비한 하나님의 계획이 잉태되고 자라가는 과정을 확인합니다. 그 과정에서 나오미는 하나님의 개입을 삶으로 체험하고 입술로 증언하는 역할을 감당합니다. 그녀 역시 하나님의 구원 드라마의 완성도를 높이는데 쓰임을 받았습니다.

우리 삶에 하나님이 개입하십니다. 우리의 작은 간증과 고백들은 마치 길안내 표지판처럼 우리를 하나님께로 안내해 줍니다. 영적 순례의 길로 들어서게 합니다. 결국에 우리 삶이 하나님의 삶에 겹쳐집니다. 하나님의 일을 하는 사람으로 변화됩니다.

2020년 2월부터 시작된 코비드-19 팬데믹(pandemic)으로 전 세계가 몸살을 앓고 있습니다. 개인과 가정, 교회와 국가가 고통을 당하고 있습니다. 온 인류에 흉년이 임했습니다. 우리는 이 상황에 개입하고 계시는 하나님을 보아야 합니다. 속히 회개하고 이삭줍기 할 곳을 찾아 움직여야 합니다. 그 곳에서 우리는 하나님을 만날 것입니다. 그러면 하나님이 돌보시는 풍요한 땅으로 들어가게 될 것입니다.

2021년 1월
아차산 기슭에서

이문장 목사

1부

떠남과 돌아옴

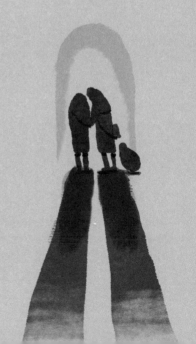

누구에게나
흉년이 들 수 있다

룻 1:1-5

¹ 사사들이 치리하던 때에 그 땅에 흉년이 드니라 유다 베들레헴에 한 사람이 그의 아내와 두 아들을 데리고 모압 지방에 가서 거류하였는데 ² 그 사람의 이름은 엘리멜렉이요 그의 아내의 이름은 나오미요 그의 두 아들의 이름은 말론과 기룐이니 유다 베들레헴 에브랏 사람들이더라 그들이 모압 지방에 들어가서 거기 살더니 ³ 나오미의 남편 엘리멜렉이 죽고 나오미와 그의 두 아들이 남았으며 ⁴ 그들은 모압 여자 중에서 그들의 아내를 맞이하였는데 하나의 이름은 오르바요 하나의 이름은 룻이더라 그들이 거기에 거주한 지 십 년쯤에 ⁵ 말론과 기룐 두 사람이 다 죽고 그 여인은 두 아들과 남편의 뒤에 남았더라.

시대를 거슬러 살라

"사사들이 치리하던 때에"
In the days when the judges ruled,

"사사들이 치리하던 때"는 룻기의 배경으로, 룻기에 등장하는 인물들은 그 시대에 실제로 살았던 사람들이고, 룻기의 내용은 실제로 있었던 일을 기록한 것임을 확인해 줍니다.

그 시대는 이스라엘과 이웃 나라들 사이에 처참한 전쟁이 연속적으로 일어났습니다. 이스라엘 내부에서도 격심한 분쟁과 싸움이 일어났습니다.

"그 때에 이스라엘에 왕이 없으므로 사람이 각기 자기의 소견에 옳은 대로 행하였더라."(삿 21:25)

이 구절은 사사기 마지막 구절인데, 사사 시대 전체를 요약해 줍니다. 그 시대는 어떤 기준이나 원칙도 없었고, 하나님의 율법과 상관없이 살았습니다. 이스라엘의 암울하고 어두운 시대상을 말해 줍니다.

이 시기는 이스라엘이 가나안 땅에 정착하는 과정에 있었습니다. 민족 이동 시기가 지나고, 정착이라는 새로운 상황이 전개되었습니다. 출애굽의 광야 여정은 모세와 여호수아의 강력한 리더십이 필요했습니다. 하지만, 가나안에 정착한 이후에 상황이 달라졌습니다. 출애굽이라는 위기적 상황에 필요했던 리더십의 역할은 줄어든 반면, 정착기를 이끌 리더십은 아직 등장하지 않았습니다. 이 전환기적 시대에 하나님은 사사들을 통해 이스라엘을 다스리셨습니다.

그런데 가나안 땅에 정착한 이후 사람들은 하나님의 법을 무시하기 시작했습니다. 하나님의 법을 지키는 삶을 배우지 못했습니다. 하나님과 맺은 언약도 어겼습니다. 비상시국에는 하나님의 말씀을 지켰지만, 정착지에서 안정적으로 살게 되자 하나님을 잊어버린 것입니다. 시대 분위기는 그렇다 하더라도 시대를 거슬러 하나님의 말씀을 따라 사는 사람들이 있어야 했는데 그렇지 못했습니다.

하나님이 세우신 사사들의 말도 제대로 듣지 않았습니다. 폭력이 난무했고, 무법이 자행되었으며, 살인이 저질러졌습니다. 그런 암울한 시대가 지속되면서 사람들은 각자 옳다고 생각하는 대로 살았습니다. 하나님의 말씀이 아니라 자기들의 생각이 기준이었습니다. 아마 엘리멜렉도 그런 사람들 가운데 한 명이었던 것 같습니다.

가뭄의 조짐이 보일 때 하나님께 돌아서라

"그 땅에 흉년이 드니라"

There was a famine in the land.

'그 땅'은 가나안 땅입니다. 가나안이 어떤 땅입니까? 이스라엘에게 허락된 약속의 땅입니다. 오랜 광야 세월을 보낸 뒤에 얻은 바로 그 약속의 땅입니다. 그런데 그 땅에 흉년이 들었습니다. 약속의 땅에도 흉년이 들은 것입니다.

약속의 땅이라고 늘 풍요만 누리는 것이 아닙니다. 언약에 합당한 삶을 살지 못하면 어려움을 당하게 됩니다. 약속의 땅에도 흉년이 듭니다.

약속의 땅에서 지속적으로 복을 누리는 것은 그 땅을 사는 사람들에게 달려 있습니다. 약속의 땅에 허락하신 하나님의 복은 잘 관리해야 합니다. 그것은 하나님과의 관계를 잘 유지하고 하나님과 맺은 언약을 지키는 것입니다.

그 시대에 흉년은 치명적인 재난이었습니다. 당시 사람들은 농사를 지어 한 해 한 해 연명했습니다. 그 당시 농업 경제의 구조나 생산성에 비추어 볼 때, 곡식을 장기적으로 비축하는 것이 어려웠습니다. 때문에 한 해 농사로 그 해를 사는 식인데, 흉년은 정말 끔찍한 재난이었습니다.

비가 내리지 않아 자라지 못하는 곡식을 바라보는 농부들의 심정이 어떠했겠습니까? 먹을 양식을 거두어들이지 못하게 되었을 때 그 안타까움은 또 어떠했겠습니까?

우리나라에도 얼마 전까지 천수답이 꽤 있었습니다. 비가 내리면 농사가 되는 것이요, 비가 내리지 않으면 농사를 망치게 됩니다. 오늘날에도 하늘에 의존하여 농사를 지을 수밖에 없는 형편이라면, 수천 년 전에는 더 말할 나위도 없습니다.

농부들은 애타게 비를 기다렸을 것입니다. 비를 내려달라고 하나님께 간절히 기도했을 것입니다.

그런데 본문에는 가뭄의 조짐이 보일 때 이스라엘이 거국적으로 하나님께 구했다는 언급이 없습니다. 흉년의 기미가 보일 때 하나님께로 돌아서야 했는데, 그런 일은 없었습니다. 끝내 비도 내리지 않았습니다. 그리고 마침내 흉년이 들었습니다.

성급한 결정을 조심하라

"유다 베들레헴에 한 사람이 그 아내와 두 아들을 데리고 모압 지방에 가서"

And a certain man of Bethlehem, Judah, went to dwell in the country of Moab.

농업에 의존하는 이스라엘에 흉년은 치명타였습니다. 흉년이 들면 사람들은 먹을 것을 찾아 이동하게 됩니다. 본문에서도 한 사람이 모압 땅으로 이주합니다.

그 사람은 베들레헴 사람이었습니다. '베들레헴'의 뜻은 '빵집' 혹은 '빵공장'입니다. 아마 다른 지역보다 늘 곡식의 생산량이 많고 풍요한 지역이었던 모양입니다.

흉년으로 '빵집'인 베들레헴에 빵을 구할 수 없게 되었습니다. 흉년은 베들레헴뿐만 아니라 '그 땅' 전체를 강타한 것 같습니다. 결국 베들레헴에 살던 한 사람이 모압으로 이주를 결정합니다.

그는 왜 하필 모압으로 갔을까요? 아마도 모압이 다른 지역에 비해 흉년의 피해를 상대적으로 덜 받았던 것 같습니다. 하나님은 약속의 땅보다 이방인의 땅에 더 풍성한 수확을 허락하시기도 합니다. 불의한 자들이 의인보다 더 형통하는 경우도 있습니다.

본문에서 어떤 집단 이주에 대한 암시가 전혀 없는 것을 보면, 베들레헴에서 이주를 결행한 사람은 이 한 사람의 가정 이외에 없었던 것으로 보입니다.

이것은 우리에게 몇 가지를 생각하게 합니다. 첫째, 아직 집단 이주를 감행해야 할 정도로 흉년이 치명적인 수준은 아니었던 것 같습니다. 둘째, 이 사람은 흉년이 더 심해질 것이라는 나름대로의 상황판단을 했습니다. 그래서 예방적 차원에서 다소 성급하게 행동에 옮긴 것으로 보입니다. 셋째, 이 사람은 어느 정도 재력이 있는 사람이었던 것으로 보입니다. 그 사람은 모압에 취업이주를 간 것이 아닙니다. 이주를 결행할 정도로 어느 정도 재력이 있었던 것 같습니다.

아무리 재력이 있다한들 흉년에는 속수무책입니다. 빵을 살 돈이 넉넉해도 빵이 없으면 무슨 소용입니까? 이러한 상황은 불가항력적인 상황입니다. 소유한 자원을 가지고 해결할 수 없는 상황입니다.

우리에게도 위기의 상황이 찾아올 때가 있습니다. 우리가 가진 자원으로 해결할 수 없는 일들이 일어납니다. 하나님의 은혜만 의지할 수밖에 없는 그런 일들이 일어납니다. 그 때가 바로 우리 삶에 가뭄이 들은 때입니다.

인생의 흉년의 때를 잘 통과해야 합니다. 흉년이 들었다 싶을 때 성급한 결정을 조심해야 합니다. '순간의 선택이 십년을 좌우한다'는 광고 문구도 있듯이, 흉년의 때일수록 정확한 분별과 판단으로 바른 선택을 해야 합니다.

위기의 때 선택을 잘하라

"거류하였는데"

He went to dwell in the country of Moab

엘리멜렉이 모압에 가서 거류합니다. '거류하다'는 한시적으로 머무는 것을 의미합니다. 모압은 이스라엘이 상종하지 않는 이방인의 땅이어서 엘리멜렉에게도 한시적이고 임시로나마 모압에서 거주하기로 한 것이 가볍고 간단한 결정이 아니었을 것입니다.

주위 친척들과 친구들이 말렸을 것입니다. '이 고비만 넘기면 나아지지 않겠나' 하고 만류했을 것입니다. 잘 생각했으니 어서 떠나라고 말하는 사람은 없었을 것입니다. 그런 주위의 만류에도 불구하고 엘리멜렉은 모압 이주를 결행합니다. "한 사람이 그 아내와 두 아들을 데리고 이주했다"는 표현은 엘리멜렉이 모압 이주를 주도적으로 결행했음을 암시해 줍니다. 아내와 두 아들은 엘리멜렉을 따라 순순히 동행합니다.

왜 그랬을까요? 주변의 만류에도 모압 이주를 결행을 해야 할 어떤 피치못할 사연이 있었던 것일까요? 본문은 그 이유를 밝히지 않고 있습니다. 두 가지를 근거로 유추해 볼 수 있습니다.

하나는, 아들들의 이름이 단서가 아닐까 합니다. 엘리멜렉의 두 아들의 이름은 말론과 기룐입니다. 말론의 뜻은 '병든 자'이고, 기룐의 뜻은 '연약함'입니다.

엘리멜렉과 나오미가 그런 이름을 지어준 것 같지는 않습니다. 갓 태어난 아기의 이름을 그렇게 지을 부모는 없을 것입니다. 병이 들어서 태어났다고 해도 강건해지라는 의미의 이름을 지어주는 것이 인지상정일 것입니다.

어쩌면 아이들의 상태를 알고 있던 룻기의 저자가 실제 이름 대신에 별명처럼 그런 이름을 붙여준 것은 아닐까 합니다. 아이들이 자라면서 죽을 고비도 넘기고 늘 병치레를 하는 약골들이었던 모양입니다.

엘리멜렉은 그런 아들들에 대한 애정이 남달랐던 것 아닌가 싶습니다. 흉년이 지속되면 질병으로 골골대는 아이들의 생존에 문제가 일어나지 않을까 염려했을 것입니다. 아버지로서 아들들의 안전과 건강을 염려하고 대책을 강구해 주는 일은 참으로 가상한 일이 아닐 수 없습니다. 아이들 문제가 아니라면 모압 이

주는 아예 생각도 하지 않았을 것입니다.

다른 하나는, 두 아들의 병약한 상태로는 흉년의 시기를 견디기 힘들겠으니 이 고비를 넘길 때까지만 한시적으로 모압으로 피신했다가 돌아오자는 아내의 간곡한 설득에 남편 엘리멜렉이 동의했던 것 아닐까 합니다.

3절에서 "나오미의 남편 엘리멜렉"이라는 표현과 13절의 "여호와의 손이 나를 치셨다"는 나오미의 말이 단서입니다. 당시에는 "나오미의 남편 엘리멜렉"처럼 '누구의 남편 누구'라는 식으로 소개하지 않았습니다. 매우 의아한 표현입니다. 나오미가 스스로 '내가 죄인입니다'는 고백을 한 것도 모압 이주와 관련하여 큰 역할을 했던 것 아니었을까 추측하게 합니다.

어려운 상황에 직면할 때 여러 생각이 떠오르게 됩니다. 올라오는 생각이 모두 옳은 생각이 아님을 알아야 합니다. 영의 생각이 있고 육신의 생각이 있습니다. 생각을 잘 분별하여 육신의 생각은 버려야 합니다. 엘리멜렉에게 그런 영적인 분별력이 적었던 것 같습니다. 약속의 땅에 머물지 않고 모압에 잠시 머물다가 돌아오면 되겠다는 생각을 따른 것입니다.

엘리멜렉은 주변의 반응에 귀를 기울였어야 합니다. 주위 사람들의 반응이 하나님의 뜻을 전달하는 통로로 사용될 수 있기 때문입니다.

엘리멜렉의 가장 큰 잘못은 하나님의 허락을 구하지 않은 것입니다. 당장 부딪힌 현실을 타개하기 위한 자신의 상황 판단에 따른 결정이었지, 여호와 하나님께 여쭤 보고 허락을 얻고 움직인 것이 아니었습니다.

아브라함이나 이삭도 흉년의 때에 이방인의 땅으로 잠시 이주했던 적이 있습니다. 그 때에는 약속의 땅인 가나안에 오기 이전 유목인으로 생활하던 때였습니다. 가나안에 들어와 정착한 상황에서 다시 이방인의 땅으로 이주하는 것은 차원이 다른 문제입니다. 하나님의 영역을 벗어나는 의미를 갖기 때문입니다. 아브라함조차도 하나님의 허락을 얻지 않고 이동했을 때 아내를 빼앗기는 큰 봉변을 당하고 낭패를 경험한 적이 있습니다.

엘리멜렉은 그것이 가장으로서 취할 수 있는 지혜로운 결정이라 확신했는지 모릅니다. 병약한 아들들의 건강을 챙기는 것도 아빠로서 마땅한 일이고, 아내의 설득에 귀를 기울이는 것도 남편으로서 자상한 모습으로 좋게 평가할 수 있습니다. 하지만 엘리멜렉은 하나님의 허락을 구했어야 합니다.

모압 이주는 지혜로운 결정이 아니었고, 영의 생각을 따른 것이 아니었습니다. 엘리멜렉의 가족이 모압으로 이주할 때 부러워했을 사람도 있었을 것입니다. 하지만 그 다음에 어떤 일이 일어날지 아무도 몰랐습니다.

체득된 신앙에 힘이 있다

"그 사람의 이름은 엘리멜렉이요 그의 아내의 이름은 나오미요 그의 두 아들의 이름은 말론과 기룐이니 유다 베들레헴 에브랏 사람들이더라"

The name of the man was Elimelech, the name of his wife was Naomi, and the names of his two sons were Mahlon and Chilion – Ephrathites of Bethlehem, Judah.

'엘리멜렉'이라는 이름의 뜻은 '여호와 나의 왕'입니다. 아들 이름을 그렇게 지은 엘리멜렉의 부모는 경건한 분들이었던 모양입니다. 아들을 부를 때마다 '여호와 나의 왕'을 부른 것입니다.

'여호와 나의 왕'이란 개념이 엘리멜렉의 의식 속에 깊숙이 자리 잡았어야 합니다. 그런데 엘리멜렉이 자기 이름값을 못합니다. 신앙이 체득되지 못한 것입니다. '여호와 나의 왕'이 체득되었다면, 흉년의 때에 최소한 두 가지 태도를 보였어야 합니다.

첫째는 하나님을 신뢰하고 '약속의 땅'을 벗어나지 않았어야 합니다. 나의 왕 되시는 여호와의 약속이 머무는 땅을 등지지 말았어야 합니다. 모압 이주는 하나님의 왕 되심을 인정하지 않았음을 단적으로 보여주는 일입니다.

둘째는 나의 왕 되시는 여호와의 지시를 받고 움직였어야 합니다. 모압 이주에 대한 생각이 올라왔을 때 하나님의 허락을 구하지 않았습니다. 자신의 생각을 앞세워 가족을 설득했습니다.

엘리멜렉은 체득된 신앙을 보이지 못했습니다. 하나님의 약속 안에 머물지 못했습니다. 하나님을 신뢰하지 못했습니다. 하나님께 물어보지 않았습니다. 하나님의 허락을 구하지 않았습니다. 엘리멜렉은 여호와를 왕으로 인정하지 않았던 것입니다.

우리도 하나님을 믿는다고 하지만 체득된 신앙이 아니면 위기의 때에 바른 판단과 선택을 못하게 됩니다. 말과 생각과 구호에 지나지 않는 믿음으로부터 벗어나야 합니다. 체득된 신앙에 힘이 있습니다.

스스로 살려고 하면 죽는다

"그들이 모압 지방에 들어가서 거기 살더니 나오미의 남편 엘리멜렉이 죽고"

And they went to the country of Moab and remained there. Then Elimelech, Naomi's husband, died.

모압으로 이주한 이후 첫 소식이 엘리멜렉의 죽음입니다. 모압에 이주한 다음 달리 주목할 만한 일이 없었다는 말입니다. 모압에서의 삶이 의미가 별로 없었다는 일종의 평가인 셈입니다. 하나님을 섬기는 삶을 산 것도 아니요, 하나님의 사명을 감당하는 삶도 아니었습니다.

모압 이주는 살아남기 위한 방책이었는데, 살려고 갔던 곳에서 죽었습니다. 자기의 계획과 기대대로 삶이 살아지지 않았습니다. 살려고 갔는데 죽었습니다. 아무리 살려고 발버둥을 쳐도 하나님이 허락지 않으시면 죽을 수밖에 없습니다.

생사는 하나님께 달려 있습니다. 엘리멜렉의 선택을 하나님이 인정하시지 않았던 것입니다. 하나님이 허락하신 길이 아니었습니다. 엘리멜렉은 길을 잘못 선택했습니다.

엘리멜렉이 어떻게 죽었는지 확인할 길은 없습니다. 사고로 죽었는지, 병에 걸려 죽었는지 알 수 없습니다. 다만 그 두 아들이 그곳에 남아서 결혼한 것을 보아 모압 지방에 정이 떨어질 그런 일을 당했던 것은 아닌 모양입니다.

죽음에 직면했을 때, 엘리멜렉은 엄청 후회했을 것입니다. 이방인의 땅에서 죽어야 한다는 사실이 그를 비통하게 만들었을 것입니다. 후회를 해도 이미 때는 늦었습니다. 아직 흉년이 끝나지 않은 상황이어서 아내와 아이들을 데리고 베들레헴으로 다시 돌아갈 수도 없는 형편이었을 것입니다.

나오미에게는 남편의 죽음이 상상을 초월하는 아픔이고 슬픔이었을 것입니다. "나오미의 남편 엘리멜렉"이라는 표현이 기묘합니다. 구약에서는 '어느 남편의 아내 누구'라는 형식으로 말하지, '어느 아내의 남편 누구'로는 말하지 않기 때문입니다.

어쩌면 엘리멜렉의 죽음에 나오미의 역할이 있었던 것 아닌가 추측하게 합니다. 혹시 두 아들의 병약함을 이유로 모압 이주를 남편에게 건의하고 설득한 것이 나오미가 아니었을까 생각하게 됩니다. 나오미의 설득으로 모압에 온 남편 엘리멜렉이 죽은 것입니다.

가족의 안전을 챙겨보려는 계획으로 모압까지 이주했는데, 남편이 죽습니다. 아이들만 데리고 고향으로 돌아갈 수도 없는 노릇입니다. '자기들만 잘 살겠다고 이주를 하더니 꼴좋다'는 비난의 소리를 듣기 싫어서라도 나오미는 고향으로 돌아갈 수 없었을 것입니다. 남편을 객사(客死)로 잃고 무슨 면목으로 고향에 돌아갑니까? 잠시 이주가 영구 이주로 이어지게 됩니다.

하나님을 벗어나지 말라

"나오미와 그 두 아들이 남았으며 그들은 모압 여자 중에서 그들의 아내를 맞이하였는데 하나의 이름은 오르바요 하나의 이름은 룻이더라"

And she was left and her two sons. They took wives of the women of Moab, the name of the one was Orpah, and the name of the other Ruth.

두 아들이 결혼을 합니다. 남편이 죽은 다음에도 어느 정도 재정적인 여유가 있었던 모양입니다. 당시에 가정 경제는 남자에게 달려 있었습니다. 남편이 없는 여인은 스스로 경제를 이어갈 능력이 없었습니다. 결혼을 통해 살길을 찾아야 했습니다. 아비가 없는 집안에 경제력이 있을 리 없습니다. 그런데 두 아들이 혼사를 치릅니다.

이 말은 그 집안에 재력이 아직 남아 있었다는 뜻입니다. 신부들의 입장에서도 그렇습니다. 외지 사람들이고, 게다가 가장이 죽은 집안에 시집 올 생각을 하기 쉽지 않았을 것입니다. 본인들은 좋아서 결혼하겠다고 해도 친정 식구들이 극구 만류했을 것입니다. 그런데 그들이 결혼한 것을 보면 나오미의 가세가 완전히 기운 것은 아니었던 것 같습니다.

나오미는 남편의 죽음이 하나님의 심판이요 징계라는 사실을 깨닫고 돌아섰어야 합니다. 남편이 죽은 후 즉시 베들레헴으로 돌아갔더라면 두 아들마저 잃는 일은 일어나지 않았을지 모릅니다. 그러나 나오미는 모압 여인들을 며느리로 맞아들입니다.

두 아들 말론과 기룐도 베들레헴으로의 자진 귀향을 포기했던 것 같습니다. 그렇지 않고서야 이방 여자들과 결혼했을 리 없습니다. 나오미도 모압 여인들을 며느리로 맞아들이는 대신 두 아들을 고향으로 보냈을 것입니다. 가서 이스라엘 여인들 가운데 아내를 찾으라고 했을 것입니다.

그러나 나오미는 그렇게 하지 않았습니다. 설령 그렇게 하고 싶었어도 결혼해서 모압으로 올 이스라엘 여인은 없었을 것입니다. 부모와 친척이 보내려고 하지 않았을 것이 분명합니다.

결국 나오미의 두 아들은 이방 여인들과 결혼합니다. 오르바와 룻이 유대교로 개종한 것으로 보입니다. 나오미가 두 며느리에게 "너희 어머니의 집으로 돌아가라"(8절)고 했고, 그 의미를 '자기 백성과 자기 신들에게로 돌아간 것'(15절)으로 말한 것을 보면 결혼을 할 당시에는 유대교로 개종을 했던 것 아닌가 추정됩니다. 개종한 상태였어야 자기 신들에게로 돌아갔다는 말이 의미가 있기 때문입니다. 룻이 레위기 율법의 규정들을 숙지하고 있었던 것도 개종의 가능성을 말해줍니다.

나오미의 입장에서는 아들들을 모압 여인들과 결혼시킨 것에 대해 변명할 여지가 있었을 것입니다. 며느리들이 유대교로 개종했기 때문에 결혼시켰다고 스스로 합리화했을 것입니다.

하지만 이것 역시 하나님이 인정하지 않으시는 결정이었습니다. 하나님이 정하신 길을 벗어나 타협을 한 것이고 나름대로 합리화를 했던 것입니다.

현실이 여의치 않아 베들레헴 귀향을 포기한 것, 유대 여인을 며느리로 얻을 생각을 포기 한 것, 모압 여인들과 결혼시킨 것, 이 모두 하나님이 인정하시지 않았습니다.

상황 판단이나 합리화 보다 하나님의 뜻을 먼저 생각했어야 했는데, 불행하게도 나오미에게는 그런 영적 감수성이 부족했습니다. 그것이 나오미의 삶을 더 깊은 수렁에 빠뜨렸습니다.

두 아들이 죽은 뒤, 그제서야 그것이 하나님의 징계였음을 깨닫습니다. 13절에서 나오미는 '여호와의 손이 나를 치셨다'고 고백합니다. 그 모두가 하나님의 길에서 벗어난 결과였음을 인정한 것입니다.

하나님을 벗어나면 인생의 흉년이 든다

"그들이 거기에 거주한 지 십 년쯤에 말론과 기룐 두 사람이 다 죽고 그 여인은 두 아들과 남편의 뒤에 남았더라"

And they dwelt there about ten years. Then both Mahlon and Chilion also died; so the woman survived her two sons and her husband.

그들이 모압 땅에 거주한 지 10년쯤 되었을 때, 두 아들이 모두 죽습니다. 결혼을 한 다음 십 년이 지난 것인지 아니면 모압으로 이주한 다음 십 년이 흐른 것인지 해석이 분분하지만, 본문의 정황을 살펴볼 때 모압으로 이주한 지 십 년이 흘렀다고 보는 것이 더 타당할 것 같습니다.

이렇듯 십 년 세월이 지나갈 무렵에 공교롭게도 두 사람이 거의 비슷한 시기에 죽습니다. 한 아들이 죽어도 황망하기 그지없는 일인데, 두 아들이 연달아 죽었으니 나오미의 심정은 형언하기 어려운 참담한 지경에 이르게 됩니다.

나오미는 과부가 되어 이방 며느리들과 모압에 남습니다. 그런데 두 며느리 모두 자녀를 얻지 못했습니다. 룻기 4장 13절에 "하나님이 저로 잉태케 하셨다"는 구절이 있는데, 그 두 며느리가 잉태치 못한 것은 하나님이 그렇게 하신 것이라는 사실을 암시해 줍니다. 즉, 두 아들의 결혼은 하나님이 인정하시지 않고 기뻐하시지 않는 결혼이었다는 뜻입니다.

한 번 길을 잘못 들었던 것이 또 다른 잘못을 저지르게 만듭니다. 그들은 연속적으로 하나님이 원하시지 않는 길로 갔습니다. 흉년을 피하려고 모압으로 내려갔으나 그 보다 더 심각한 인생의 흉년을 만나게 된 것입니다.

사람이 죽었는데 흉년을 피하는 일이 무슨 의미가 있습니까? 남편과 두 아들을 잃은 나오미의 심정이 어떠했을까요? 기구한 인생, 기막힌 인생으로 전락한 것입니다.

어느 누구에게나 흉년의 때는 찾아옵니다. 스스로 잘못한 것이 없어도 흉년이 닥칠 수 있습니다. 흉년의 때에 우리는 하나님을 의지해야 합니다. 하나님의 허락을 기다려야 하고, 허락이 없이 움직이지 말아야 합니다. 특히 하나님이 인정하시지 않는 길로는 가지 말아야 합니다. 살려고 그 길로 가더라도 결국 죽게 됩니다.

흉년의 때에 하나님을 의지하기 바랍니다. 하나님이 친히 방문하셔서 어려움을 해결해 주실 것입니다. 그 때를 인내로 기다리면 더욱 깊은 차원에서 하나님을 만나는 은혜를 체험하게 됩니다.

하나님을 붙들라

룻 1:6-14

⁶ 그 여인이 모압 지방에서 여호와께서 자기 백성을 돌보시사 그들에게 양식을 주셨다 함을 듣고 이에 두 며느리와 함께 일어나 모압 지방에서 돌아오려 하여 ⁷ 있던 곳에서 나오고 두 며느리도 그와 함께 하여 유다 땅으로 돌아오려고 길을 가다가 ⁸ 나오미가 두 며느리에게 이르되 너희는 각기 너희 어머니의 집으로 돌아가라 너희가 죽은 자들과 나를 선대한 것 같이 여호와께서 너희를 선대하시기를 원하며 ⁹ 여호와께서 너희에게 허락하사 각기 남편의 집에서 위로를 받게 하시기를 원하노라 하고 그들에게 입 맞추매 그들이 소리를 높여 울며 ¹⁰ 나오미에게 이르되 아니니이다 우리는 어머니와 함께 어머니의 백성에게로 돌아가겠나이다 하는지라 ¹¹ 나오미가 이르되 내 딸들아 돌아가라 너희가 어찌 나와 함께 가려느냐 내 태중에 너희의 남편 될 아들들이 아직 있느냐 ¹² 내 딸들아 되돌아 가라 나는 늙었으니 남편을 두지 못할지라 가령 내가 소망이 있다고 말한다든지 오늘 밤에 남편을 두어 아들들을 낳는다 하더라도 ¹³ 너희가 어찌 그들이 자라기를 기다리겠으며 어찌 남편 없이 지내겠다고 결심하겠느냐 내 딸들아 그렇지 아니하니라 여호와의 손이 나를 치셨으므로 나는 너희로 말미암아 더욱 마음이 아프도다 하매 ¹⁴ 그들이 소리를 높여 다시 울더니 오르바는 그의 시어머니에게 입 맞추되 룻은 그를 붙좇았더라.

현실을 바라보는 관점이 변해야 한다

"그 여인이 모압 지방에서 여호와께서 자기 백성을 돌보시사 그들에게 양식을 주셨다 함을 듣고"

She had heard in the country of Moab that the Lord had visited His people by giving them bread.

어느 날 나오미가 이스라엘의 소식을 듣습니다. 이스라엘에 10년 동안 지속되던 가뭄이 드디어 끝나고 풍년이 들었다는 소식이 전해집니다. 누가 전해 주었는지, 어떻게 전해졌는지는 알 수 없습니다. 사람들의 입을 통해 모압 지방까지 전해진 것으로 추정됩니다. 어느 모압 사람이 '올해 유대 땅에도 풍년이래' 하는 정도로 가볍게 말을 전했을 것입니다.

본문에는 "여호와께서 자기 백성을 돌보시사 그들에게 양식을 주셨다"라고 기록되어 있습니다. 그 소식을 전해 준 모압 사람이 '소식 들었어요? 여호와께서 자기 백성을 돌보셔서 풍년이 들었다고 합니다' 하는 식으로 말을 전했을 리는 만무합니다.

'돌보다'는 '방문하다'는 뜻입니다. '여호와께서 방문하셨다'는 식의 표현은 여호와를 잘 아는 사람이 아니면 할 수 없습니다. 하나님이 이스라엘 역사에 어떤 방식으로 개입하셨는지 그 내막을 알고 있는 사람이 할 수 있는 말입니다. '여호와께서 자기 백성을 돌보셨다'는 표현은 들려온 소문에 대한 나오미의 해석으로 보아야 합니다.

그렇다면 나오미에게 변화가 일어난 것이 분명합니다. 이전에는 하나님을 중심으로 일상을 바라보지 못했기 때문에, 하나님이 기뻐하시지 않는 방향으로 선택과 결정을 하였습니다. 첫째는 모압으로 이주한 것이고, 둘째는 남편을 잃은 다음에도 계속 모압에 남은 것이며, 셋째는 두 아들을 모압 여인들과 결혼시킨 일이었습니다.

모압 지방에서 지낸 십 년의 세월 동안 나오미는 한 번도 하나님 중심으로 사고하고 행동하지 못했습니다. 물론 유대인으로서 하나님을 아주 잊은 것은 아닙니다. 하나님에 대한 형식적인 신앙은 유지했을지 모릅니다. 그러나 그녀의 신앙은 다분히 피상적인 것이었습니다.

그랬던 나오미의 관점에 변화가 일어납니다. 이스라엘로부터 전해진 소식을 듣고 그녀는 '여호와께서 자기 백성을 방문하셨다'고 깨달은 것입니다. 하나님이 비를 내리시고 농사가 잘 이루어지도록 개입하셨음을 깨달은 것입니다.

나오미가 상황을 바라보고 해석하는 방식이 달라집니다. 물론 젖과 꿀이 흐르는 약속의 땅에 흉년이 든 것도 여호와께서 '자기 백성을 돌보지 않으시고 그들에게 양식을 주지 않으신 것'으로 깨달았을 것입니다.

우리도 이런 경우를 종종 발견합니다. 평상시에는 하나님을 믿는 것 같으면서도 체득된 믿음이 아니었다가 어려움과 고난을 겪으면서 하나님을 '진짜' 믿는 사람으로 변하게 됩니다. 매사(每事)를 하나님과 연결지어 이해하고 해석하는 습관이 생깁니다. 이러한 관점의 전환이 복입니다.

모압에서 나오미는 가난했습니다. 물질적으로 가난했고, 정신적으로 가난했습니다. 미래도 없고, 희망도 없었습니다. 인생의 밑바닥까지 내려갔습니다.

나오미는 그렇게 처절한 고난을 통해 하나님을 깨닫게 됩니다. 그녀의 관점이 달라지고, 하나님에 대한 인식이 되살아납니다. 이것이 나오미의 인생에 반전을 가져오는 요인이 됩니다. 그녀는 이 세상의 모든 일이 하나님의 절대적인 주권과 능력 안에서 진행되는 것임을 깨달았습니다. 이스라엘 백성이 흉년을 당하는 것이나 양식을 얻는 것이 모두 하나님의 손에 달려 있음을 깨달은 것입니다.

하나님을 깨닫고 난 이후 나오미의 삶에 빛이 비추기 시작합니다. 소망의 싹이 돋아나기 시작합니다. 하나님을 깨달은 사람에게 하나님의 은혜와 복이 임하기 시작합니다.

깨달음이 일어서게 만든다

"이에 두 며느리와 함께 일어나"
Then she arose with her daughters-in-law.

하나님을 깨달은 그녀가 일어섭니다. 여기에 "일어서다"라는 동사를 주목할 필요가 있습니다. 나오미는 모압에서의 절망스런 상황에 주저앉지 않았다는 뜻입니다.

고향 소식을 들었을 적에, 나오미는 체념하고 주저앉을 가능성이 더 많았던 사람입니다. '남편과 두 아들을 잃고, 이제 와서 무슨 낯짝으로 고향으로 돌아간단 말인가. 이제는 모두 다 끝났어.' 이렇게 자포자기에 빠질 수도 있었습니다.

그러나 나오미는 그렇게 하지 않았습니다. 이스라엘 소식은 그녀의 마음에 깨달음을 주었고, 깨달음이 그녀를 움직입니다. 그래서 그녀는 체면과 수치와 절망을 딛고 일어섭니다.

영화 〈바람과 함께 사라지다〉의 마지막 장면이 떠오릅니다. 여주인공 스칼렛은 사랑하던 사람들을 모두 잃습니다. 그야말로 바람과 함께 모든 것이 다 사라진 것입니다. 그러나 그녀는 아직 땅이 남아있고, 희망이 남아있다고 외치면서 결의에 찬 표정으로 일어섭니다. 그것이 영화의 마지막 장면이었습니다. 매우 인상적이었고 감동적이었습니다. 석양에 지는 노을을 배경으로 황량한 대지에 서 있는 나무 밑에서 주먹을 불끈 쥐던 여주인공의 모습이 지금도 필자의 기억에 선명합니다.

깨달음이 사람을 일으켜 세웁니다. 깨달음이 생활을 바꾸고 인생을 바꿉니다. 깨달음이 우리를 움직입니다.

나오미는 두 며느리와 '함께 일어나' 길을 떠납니다. 두 며느리가 시어머니를 배웅하러 나온 것이 아니었습니다. 그들은 함께 일어났습니다.

'함께 일어났다'는 것은 절망에서 벗어나 약속의 땅으로 함께 돌아가기로 결정했다는 뜻입니다. 한 마음 한 뜻으로 이스라엘로 돌아가기로 결정한 것입니다. 아마 나오미는 두 며느리에게 '일어나 돌아가는 것'이 어떤 의미인지 성경적으로 설명해 주었을 것입니다. 이스라엘의 하나님에 대한 설명도 잊지 않았을 것입니다. 하나님에 관하여 며느리들과 많은 이야기를 나누었을 것입니다. 그리고 그들의 동의를 얻어 함께 길을 떠났습니다.

깨달음, 그 다음은 떠남이다

"모압 지방에서 돌아오려 하여"
She might return from the country of Moab,

하나님을 깨달은 나오미는 베들레헴으로 돌아갈 결심을 합니다. 여기서 '돌아간다'는 동사에 주목하게 됩니다. 이 표현은 본래 나오미가 속한 곳, 혹은 속해 있어야 할 곳은 모압이 아니었다는 뉘앙스를 담고 있습니다. 돌아갈 목적지는 유대 땅 베들레헴입니다. 하나님께서 이스라엘에 주신 땅입니다.

나오미의 가족은 떠나지 말았어야 하는 땅을 떠났던 것입니다. 나오미는 자신이 속해 있어야 할 땅으로 돌아가기로 결심합니다. 모압 지방은 나오미에게는 파란만장한 곳입니다. 안전과 양식과 생명을 찾아 갔지만, 그곳은 그들에게 죽음의 땅이 되었습니다.

나오미는 이제 방향을 바꿉니다. 하나님을 깨닫고 제 길을 찾았습니다. 이것은 단절(斷切)입니다. 이전에 살았던 장소와 단절이고, 알고 지냈던 사람들과 단절입니다. 10년 이상 살면서 익숙해진 문화 및 생활 방식과 단절입니다.

이것이 이 세상을 사는 하나님의 백성의 모습입니다. 신앙생활의 핵심도 단절해야 할 것과 단절하는 것입니다. 하나님이 허락하지 않으신 길로부터 돌아서는 것입니다. 이것이 회개입니다. 하나님을 향해 돌아서는 것입니다. 이전의 삶을 버리고 떠나는 것입니다.

깨달음이 삶의 현장과 연결돼야 한다

"있던 곳에서 나오고 두 며느리도 그와 함께 하여 유다 땅으로 돌아오려고 길을 가다가 나오미가 두 며느리에게 이르되 너희는 각기 너희 어머니의 집으로 돌아가라"

Therefore she went out from the place where she was, and her two daughters-in-law with her; and they went on the way to return to the land of Judah. And Naomi said to her two daughters-in-law, "Go, return each to her mother's house."

나오미와 두 며느리가 있던 곳에서 나옵니다. '있었던 곳'은 그들이 살았던 집을 의미하기도 하고, 그전에 '있었던' 과거의 삶을 의미하기도 합니다. 과거에 있었던 곳에서 나오는 것은 살던 집에서 나오는 것을 포함합니다. 과거에 익숙했던 시공간, 이전의 추억들, 시간의 흔적을 모두 지우기로 결심하고 떠나는 것입니다.

두 며느리도 '있던 곳'에서 나옵니다. 그리고 나오미와 함께 유다 땅으로 돌아오려고 길을 떠납니다. 얼마나 멀리까지 동행했는지 알 수 없습니다. 길을 가다가 나오미가 느닷없이 두 며느리에게 각기 어머니의 집으로 돌아가라고 권합니다.

'아버지의 집'이 아닌 '어머니의 집'으로 돌아가라는 말에서 두 가지를 짐작할 수 있습니다. 첫째는, 두 며느리는 나오미를 친 어머니처럼 대했던 것 같습니다. 시어머니 나오미를 진심으로 모셨던 것 같습니다. 둘째는, 며느리들이 돌아가 결혼하도록 권한 것입니다. 당시 딸들의 결혼에 어머니들이 더 깊숙이 관여했습니다. '어머니의 집'으로 돌아가라는 말은 며느리들의 재혼을 염두에 둔 것이었습니다.

나오미는 자신이 재발견한 하나님 신앙과 두 며느리가 앞으로 처하게 될 새로운 현실 사이에서 많은 고민을 했던 것 같습니다. 시집을 와서 일찍 남편을 잃고 행복하게 살아 보지도 못한 며느리들을 생각하니 나오미의 마음도 아팠을 것입니다.

함께 유대 땅으로 올라가는 것도 좋겠지만, 솔직히 며느리들에게 소망이 없는 길이었습니다. 이스라엘 청년이 이방 여인과 결혼할 까닭이 없기 때문입니다.

재혼을 생각한다면, 유다보다는 모압이 더 유리하다고 판단한 것 같습니다. 나오미는 두 며느리의 현실적인 안정과 행복을 위해 돌아갈 것을 권유한 것입니다.

그것이 전부는 아니었을 것입니다. 나오미는 고향에 돌아간 후 직면해야 할 현실도 고려했을 것입니다. 과부 신세가 되어 비참한 몰골로 고향에 돌아가는 것만으로도 창피한 일인데, 이방 며느리들을 대동하고 들어간다면 더욱 더 얼굴을 들지 못하게 될 것으로 생각했을 것입니다. 이방 며느리들을 달고 갔을 때 고향 사람들의 비난을 얼마나 받게 될는지 난감했을 것입니다.

여기서 나오미가 타협한 것으로 보입니다. 두 며느리와 함께 하나님을 향해 돌아서기로 결심은 했건만, 당장 직면하게 될 현실 앞에서 나약해진 것입니다.

나오미는 며느리들을 이방 신을 섬기는 사회로 되돌려 보내려고 합니다. '얘들아, 앞으로 유다 땅에 올라가 살게 되면 예상치 못한 일들이 일어날 수 있단다. 하지만 우리 하나님 여호와께서 은혜를 베푸시고 간섭해 주실 것으로 믿는다. 그러니 어떤 역경이나 난관이 닥치더라도 함께 가자. 하나님을 믿고 올라가자.' 이런 말을 해 주었어야 했는데, 나오미는 앞으로 직면할 난감한 현실에 대한 염려로 애매모호한 태도를 취합니다.

하나님에 대한 깨달음이 아직 굳센 믿음으로 자라지 못한 것입니다. 깨달음이 삶의 현장으로 연결되지 못한 것입니다. 나오미의 신앙의 깊이가 초보 단계였다고 할 수 있습니다.

하나님의 성품을 소유하라

"너희가 죽은 자들과 나를 선대한 것 같이"
As you have dealt with the dead and with me,

나오미는 두 며느리가 자기에게 선대했음을 말하고, 여호와
께서 그들에게도 선대하시기를 간구합니다. 여기에 사용된 '선
대'는 히브리어의 '헤세드'(hesed)입니다. 헤세드는 '친절', '사랑'
혹은 '신실함' 등의 뜻입니다.

구약에서 헤세드는 하나님의 속성 혹은 하나님의 성품을 나
타냅니다. 끊임없이 불순종하고 불의한 이스라엘 백성에게 하나
님은 '헤세드'를 보이셨습니다. 즉 하나님은 신실하게 자기 백성
을 사랑하셨습니다.

나오미는 며느리들의 행동을 '헤세드'로 말합니다. 며느리들
이 죽은 자들과 자신에게 '헤세드'로 행했다는 것입니다. 이 표
현은 우리에게 중요한 사실을 알려줍니다. 두 며느리는 모압 여
인들이었지만 시집을 와서 하나님의 성품인 '헤세드'를 실천했
습니다. 오르바와 룻에게 하나님의 성품이 있었습니다.

이율배반적인 신앙을 넘어서라

"여호와께서 너희를 선대하시기를 원하며"

The Lord deal kindly with you.

나오미는 두 며느리가 죽은 자들과 자기를 선대한 것 같이 여호와께서 그들을 선대하시기를 기원합니다. 그러나 이 기원은 앞뒤가 전혀 맞지 않습니다. 왜냐하면 두 며느리에게 모압 지방으로 돌아가라고 하면서 여호와의 선대를 기원하는 것이 이율배반이기 때문입니다.

두 며느리는 모압을 떠나기로 결심했고 또 실제로 떠난 사람들입니다. 유다 땅, 즉 하나님이 다스리시는 땅으로 올라가기로 결심한 사람들입니다. 결혼을 하면서 유대교에 입문한 사람들이었습니다. 그런 그들에게 이제와서 돌아가라고 말합니다. 그러면서 나오미는 여호와의 선대를 간구합니다.

언뜻 들으면 하나님의 간섭과 은혜를 간곡히 구하는 것처럼 들립니다. 그러나 두 며느리가 조상의 신들을 섬기는 모압으로 돌아가는데 여호와께서 그들을 어떻게 선대하실 수 있겠습니까?

여호와를 언급한다고 모두 믿음이 아닙니다. 차라리 '어떤 험한 꼴을 당할지 몰라도 여호와께서 책임져 주실 것으로 믿고 유다 땅으로 올라가자' 이렇게 말하는 것이 여호와의 선대를 구하는 사람의 모습에 더 가깝습니다.

나오미 스스로도 이런 사실을 몰랐던 것이 아닙니다. 15절에서 모압으로 돌아간 며느리 오르바에 대해 "그 백성과 그 신에게로 돌아갔다"고 말합니다. 모압으로 회귀한 것은 여호와를 떠난 것이요, '그 백성과 그 신에게로' 돌아간 것입니다. 이런 사실을 누구보다 잘 알고 있던 나오미가 며느리들을 모압 신에게 돌려보낼 수는 없는 노릇입니다.

하나님을 더 깊이 신뢰했다면 그렇게 말하지 말았어야 합니다. 아직은 단련되고 검증된 믿음을 소유하지 못했기 때문에 하나님 신앙과 현장 삶 사이에 괴리가 있었던 것 같습니다.

거룩한 흉내를 내지 말라

"여호와께서 너희에게 허락하사 각기 남편의 집에서 위로를 받게 하시기를 원하노라 하고"

The Lord grant that you may find rest, each in the house of her husband.

나오미가 두 며느리를 위해 빌어 준 세 번 째 내용은 각기 남편을 만나 행복한 가정을 이루게 해 달라는 것입니다. 나오미는 며느리들이 행복한 삶을 살기를 진심으로 바라고 그렇게 강권한 것입니다. 두 며느리의 행복을 기원하여 돌아가라고 한 나오미의 권고는 진심이었을 것입니다. 나오미의 말투에도 진성성이 짙게 느껴졌을 것입니다.

나오미는 며느리들의 미래에 관한 사항이 '여호와의 허락'에 달려 있음을 말합니다. 나오미가 '허락'이라는 용어를 사용하게 된 것 자체가 의미심장합니다. 엘리멜렉이 약속의 땅을 벗어 나면서까지 모압 이주를 결행한 이유가 병약한 두 아들을 사랑 하는 아버지로서 고민 끝에 아들들의 안전을 고려한 것이었다 고 하였습니다.

인간적으로는 충분히 이해할 수 있고 가장으로서 어쩔 수 없는 결정이었을 것이라고 동의해 줄 여지도 있을 것입니다. 하 지만 그에게 가장 큰 잘못은 하나님의 허락을 받지 않았다는 것 이었습니다. 그 결과로 모압에 내려가 엘리멜렉이 죽었습니다.

그 과정을 겪은 나오미는 희미하게나마 여호와 하나님의 허 락을 얻지 않고 모압 이주를 결행한 것이 잘못이었다고 깨달았 던 것 같습니다. 그래서 며느리들에게 모압으로 돌아가서 재혼 을 하도록 권하면서 여호와의 '허락'을 언급한 것입니다.

오르바와 룻은 여호와 신앙으로 개종하고 결혼을 하여 이미 유다 백성의 일원으로 편입된 사람들입니다. 그들에게 모압으로 돌아가 새출발을 하도록 권하고 자기가 원하는 것이 그것이라 고 말하는 것은 같은 잘못을 반복하는 것입니다. 오르바와 룻에 게 약속의 땅을 벗어나 모압으로 이주하라는 말이기 때문입니 다. 나오미 가족의 모압 이주도 여호와께서 허락하지 않으신 것 이었듯이, 두 며느리의 모압 귀향도 하나님이 허락하실 리 없는 일입니다.

이 순간에 나오미는 스스로 하나님의 뜻을 묻고 하나님의 허락을 구했어야 합니다. 두 며느리가 유다 땅으로 가는 것이 하나님께서 허락하신 일인지 여쭈어 보았어야 합니다. 그것이 하나님의 뜻이면 순종했어야 합니다.

나오미는 자신의 상황판단에 근거하여 자기가 내린 결정을 두 며느리에게 권한 것입니다. 흉년이 임했을 때 스스로 상황을 판단하고 결행했던 엘리멜렉의 실수를 반복하고 있습니다.

두 며느리가 각기 남편의 집에서 위로를 받게 되는 일이 이루어지는가 여부는 하나님의 손에 달린 일입니다. 그들이 어머니의 집으로 돌아간다고 그렇게 되는 것이 아닙니다.

나오미는 하나님의 허락과 하나님의 개입을 깨달았으면서도 아직은 그 깨달음이 삶의 현장과 연결되지 못하는 모습을 보입니다. 어쩌면 이런 모습들이 세상을 벗어나 하나님께로 돌아가는 여정에 있는 우리 자신의 자화상은 아닌가 생각됩니다.

하나님이 돌아갈 고향이다

"그들에게 입 맞추매 그들이 소리를 높여 울며 나오미에게 이르되 아니니이다 우리는 어머니와 함께 어머니의 백성에게로 돌아가겠나이다"

So she kissed them, and they lifted up their voices and wept. And they said to her, "Surely we will return with you to your people."

나오미가 돌아가라는 말을 하고 이별의 입맞춤을 합니다. 입맞춤은 이제 관계를 끊겠다는 일종의 이별 의식(ritual)입니다. 상대방도 입맞춤으로 화답하면 이별과 관계 끊음이 공식화되는 것입니다. 그러나 두 며느리는 나오미의 입맞춤에 화답하지 않습니다.

두 며느리 모두 소리 높여 울었습니다. '작별이 웬 말입니까?'라고 반응한 것입니다. 그동안 살면서 들었던 정(情)과 사랑을 끊기가 그리 쉬운 일은 아니었을 것입니다. 두 며느리는 '절대로 헤어질 수 없습니다'라고 항변합니다. 어머니와 함께 어머니의 백성에게로 돌아가겠다고 합니다.

두 며느리가 소리 높여 운 것이 자신들의 안정된 삶을 염려해주는 시어머니의 말에 감동되어서인지 아니면 돌아가라고 권하는 말이 서운하고 슬퍼서인지 정확히 알 수 없지만, 그 다음 말은 그녀들이 가졌던 하나님 성품, 즉 '헤세드'를 보여줍니다.

그들은 어머니와 함께 있을 것을 끝까지 주장합니다. 모압에 있는 '어머니의 집'이 아니라 '시어머니 나오미'와 함께 있겠다고 합니다. 자신들의 재혼과 행복을 구하는 삶을 선택하지 않고, 나오미와 함께 하나님께로 돌아가겠다고 합니다.

이렇게 '함께 있겠다는 마음'이 헤세드(인애)입니다. 유복하고 잘 나갈 때에는 함께 있다가, 집안이 몰락하면 나 몰라라 하고 도망가는 것이 아닙니다. 결혼 서약처럼, '가난할 때나 부유할 때나 건강할 때나 병들 때나' 시종일관 함께하는 것입니다.

그들은 어머니의 백성에게로 돌아가겠다고 말합니다. 하나님의 백성에게로 돌아가겠다는 말입니다. 여기에 '돌아간다'는 본래 있었던 곳으로 되돌아가는 것을 말합니다. 고향으로 돌아가는 것입니다. 어머니의 백성 이스라엘이 마치 자신들이 본래 속해 있던 백성인 것처럼 말합니다.

그들의 의식 속에 그들은 이미 이스라엘 백성과 하나가 되어 있었던 것입니다. 결혼 전에 유대교로 개종하였을 것이고, 결혼을 통해 이스라엘에 접붙여진 것이요, 여호와 신앙 안으로 들어와 명실상부 이스라엘 백성으로 편입된 것으로 생각했다는 말입니다. 어머니의 백성이 돌아갈 고향이고, 결국 하나님이 고향이라는 말입니다.

그들은 하나님의 백성인 언약 공동체의 소속감과 신분의식을 붙잡았습니다. 하나님의 성품을 소유한 사람들의 특징이 이것입니다. 사람에게 신실하고 하나님의 백성이라는 신분의식에 투철합니다.

세상적인 관점을 넘어서라

"나오미가 이르되 내 딸들아 돌아가라 너희가 어찌 나와 함께 가려느냐 내 태중에 너희의 남편 될 아들들이 아직 있느냐 내 딸들아 되돌아가라 나는 늙었으니 남편을 두지 못할지라 가령 내가 소망이 있다고 말한다든지 오늘 밤에 남편을 두어 아들들을 낳는다 하더라도 너희가 어찌 그들이 자라기를 기다리겠으며 어찌 남편 없이 지내겠다고 결심하겠느냐 내 딸들아 그렇지 아니하니라 여호와의 손이 나를 치셨으므로 나는 너희로 말미암아 더욱 마음이 아프도다 하매.”

"Turn back, my daughters; why will you go with me?
Are there still sons in my womb, that they may be your
husbands? Turn back, my daughters, go, for I am too old to
have a husband. If I should say I have hope, if I should have
a husband tonight and should also bear sons, would you wait
for them till they were grown? Would you restrain yourselves
from having husbands? No, my daughters; for it grieves me
very much for your sakes that the hand of the Lord has gone
out against me!"

두 며느리 모두 돌아가지 않겠다고 하자, 나오미는 그들의
마음을 돌리려고 합니다. 나오미가 꽤 긴 말을 했지만 핵심은
간단합니다. '나는 아들을 낳아줄 가망이 전혀 없으니 제발 모압
으로 돌아가라'는 말입니다.

당시의 결혼 풍습에 관하여 알 수 있는 자료가 거의 없지만,
본문을 근거로 보면 모압에서는 재혼이 가능했던 것 같습니다.
나오미는 두 며느리가 모압으로 돌아가 재혼하는 것이 행복하
게 살 수 있는 유일한 방안이라고 생각했습니다.

이것은 지극히 현실적인 해결책입니다. 두 며느리를 사랑하
는 시어머니의 마음이 진하게 배어 나옵니다. “내 딸들아”라는
표현을 세 번 사용합니다. 나오미의 애정이 듬뿍 담긴 호칭이
아닐 수 없습니다.

나오미가 한 말의 요지는, 나는 늙어서 남편을 둘 소망이 없

다, 설령 남편을 두고 아들을 낳는다고 해도 성장할 때까지 언제 기다리겠느냐, 그 동안 너희가 남편 없이 어떻게 독수공방을 하겠느냐, 그건 말도 안 되는 일이라는 것입니다. 지극히 타당하고 현실적으로 설득력이 있는 말입니다. 그러니까 모압으로 돌아가라고 강력히 권합니다.

두 며느리의 재혼을 생각한다면 나오미의 말은 지당한 말씀입니다. 현실적으로 재혼 가능성은 모압으로 돌아가는 길 외에는 없습니다. 이처럼 가장 현실적이고 상식적으로 옳은 생각일지라도, 그것이 반드시 영적인 생각은 아닙니다.

"나는 너희로 말미암아 더욱 마음이 아프도다 하매"

나오미의 말은 '너희들 보다 내 마음이 더 아프고 쓰리다'로 해석할 수 있습니다. 두 번역 모두 같은 의미입니다. 두 며느리로 인해 마음이 아픈 것과 두 며느리 보다 더 이별의 통증이 아프고 쓰리다는 말입니다. 소리내어 우는 두 며느리들 보다 나오미의 가슴은 더 찢어지게 아프다는 말입니다. 아마 며느리들도 심정이 그렇게 고통스럽고 쓰리다고 말한 나오미의 말에 진정성이 있음을 인정했을 것입니다.

나오미는 자신의 기구한 삶이 여호와 하나님의 징계의 결과였다고 말합니다. "여호와의 손이 나를 치셨으므로" 나오미는 자신의 삶에 여호와께서 직접 손을 대신 것을 깨달았던 것입니다.

나오미는 자신의 경험은 여호와와 관련하여 이해합니다. 그런데 두 며느리에게 권하는 말을 들으면 나오미가 하나님을 아는 사람이 맞는가 싶을 정도로 기이합니다. 나오미의 말에 하나님이 보이지 않습니다. 지극히 현실적이고 세상적인 관점만 드러납니다.

자신의 삶에 임한 하나님의 징계를 아프게 깨달았으면서도, 두 며느리를 하나님으로부터 돌아서도록 강권하는 것은 어이없는 일입니다. 며느리들이 세상에서 평안을 얻는 유일하고 참된 방편은 하나님이 개입하셔서 해결해 주시는 방법 이외에 없다고 말했어야 합니다. 모압으로 떠밀어 보내는 것은 하나님을 모르는 사람의 행동이 아닐 수 없습니다.

하나님 체험을 하고 하나님을 깨달았다 하더라도 여전히 현실적인 관점을 벗어나지 못할 수 있습니다. 세상의 관습과 문화의 한계 안에서 현실을 바라볼 수 있습니다.

어쩌면 이것이 우리의 자화상인지 모릅니다. 그 간격이 좁혀지는 것을 영적 성장이라고 말합니다. 영적인 관점으로 현실적인 염려와 걱정을 넘어서야 합니다.

하나님을 붙들라

"그들이 소리를 높여 다시 울더니 오르바는 그의 시어머니에게 입맞추되 룻은 그를 붙좇았더라."

Then they lifted up their voices and wept again; and Orpah kissed her mother-in-law, but Ruth clung to her.

나오미의 긴 설득에 두 며느리가 다시 대성통곡을 합니다. 현실적으로 틀린 말이 아니기 때문입니다. 현실적으로, 합리적으로, 경험적으로 옳고 지당하신 말이기 때문입니다. 막다른 골목에 이른 것 같은 상황, 달리 해결책이 없어 보이는 상황을 확인한 것 같아 소리 높여 운 것입니다. 자신들을 염려하는 시어머니의 간곡한 마음을 거절할 수 없다고 생각했을 수도 있습니다. 혹은 나오미가 자기들과 함께 유대 땅으로 돌아가는 것에 부담을 느낀다고 생각하여 마음이 상했을 수도 있었겠다 싶습니다.

오르바는 결국 모압으로 돌아갈 결심을 합니다. 그리고 시어머니에게 입을 맞춥니다. 오르바는 시어머니에게 입을 맞추고 모압으로 돌아갑니다. 하지만 룻은 시어머니 곁에 오히려 더 바짝 달라붙었습니다. 오르바는 시어머니의 권고와 현실적인 논리에 설복되었지만, 룻은 거부합니다. 어린 아이가 엄마에게 달라붙는 것과 같은 심정으로 붙들었습니다.

룻은 시어머니의 권고를 따르지 않습니다. "우리는 어머니와 함께 어머니의 백성에게로 돌아가겠나이다"라고 말했던 것에서 한 치도 물러서지 않습니다.

그녀가 시어머니에게 더 바짝 밀착하여 떨어지지 않겠다고 한 것은 모압에 있는 가족과 영영 이별하고 그들을 버리겠다고 결심한 것입니다. 이것은 쉬운 일이 아닙니다. 룻이 자신의 신분을 어머니의 백성, 즉 언약 백성의 일원으로 이해하고 확신했기 때문에 가능했습니다. 그리고 시어머니의 설득력 있고 현실적인 권고 보다는 '여호와의 손이 나를 치셨다'는 말을 더 비중 있게 들었던 것 같습니다. 여호와의 손이 나를 치셨다는 말의 의미를 알고 있었기 때문입니다.

그녀 역시 시어머니와 함께 살면서 각종 난관을 헤쳐 나온 장본인입니다. 나오미가 하나님을 체험하고 하나님을 두려워했던 것처럼, 룻도 하나님을 체험하고 하나님의 손이 어떻게 개입하시는지 목격했습니다. 그러한 배경과 체험이 있었기 때문에 그녀는 하나님의 실재를 알았습니다.

그래서 시어머니의 현실적이고 실제적인 권고보다는 하나님 체험을 근거로 이스라엘로 올라가기로 작심한 것입니다. 어머니와 함께 어머니의 백성이 되는 것을 모압 땅에서 평안을 누리는 것 보다 더 귀하게 생각했기 때문입니다.

룻은 하나님을 붙잡았습니다. 현실적으로 지혜롭지 못한 결정으로 보입니다. 그러나 하나님께로 돌아가는 것이 가장 지혜로운 결정입니다. 이것이 오늘 이 땅을 사는 성도들의 모습이어야 합니다.

하나님 안에서의
새로운 출발

¹⁵ 나오미가 또 이르되 보라 네 동서는 그의 백성과 그의 신들에게로 돌아가나니 너도 너의 동서를 따라 돌아가라 하니 ¹⁶ 룻이 이르되 내게 어머니를 떠나며 어머니를 따르지 말고 돌아가라 강권하지 마옵소서 어머니께서 가시는 곳에 나도 가고 어머니께서 머무시는 곳에서 나도 머물겠나이다 어머니의 백성이 나의 백성이 되고 어머니의 하나님이 나의 하나님이 되시리니 ¹⁷ 어머니께서 죽으시는 곳에서 나도 죽어 거기 묻힐 것이라 만일 내가 죽는 일 외에 어머니를 떠나면 여호와께서 내게 벌을 내리시고 더 내리시기를 원하나이다 하는지라 ¹⁸ 나오미가 룻이 자기와 함께 가기로 굳게 결심함을 보고 그에게 말하기를 그치니라.

"나오미가 또 이르되 보라 네 동서는 그의 백성과 그의 신들에게로 돌아가나니 너도 너의 동서를 따라 돌아가라 하니"

And she said, "Look, your sister-in-law has gone back to her people and to her gods; return after your sister-in-law."

오르바가 떠난 후, 나오미가 더 적극적으로 룻을 설득합니다. '보라 네 동서는 그녀의 백성과 그녀의 신들에게로 돌아갔으니 너도 너의 동서를 따라 돌아가라'고 합니다.

오르바와 룻을 향한 나오미의 속내가 드러납니다. '그녀의 백성과 그녀의 신들'이라고 합니다. 나오미의 속 깊은 곳에는 오르바가 결혼을 하고 유다 백성의 일원이 된 것을 애시당초 인정하지 않았던 것입니다.

나오미와 두 며느리 사이의 관계가 서로 사랑하고 애틋한 관계였던 것은 분명합니다. 그러나 나오미에게 두 며느리는 어쩔 수 없는 이방 모압 여인이었던 것입니다. 더 나아가 나오미는 오르바가 '그녀의 신들에게로' 돌아갔다고 합니다. 오르바가 여호와 신앙을 저버리고 이방 신에게 돌아갔음을 말하는 것입니다.

룻에게 '너희 백성과 너희 신들에게로 돌아가라'고 한 말은 매우 모욕적으로 들릴 수 있습니다. 이것은 '너는 이스라엘 백성이 아니지 않느냐' 하는 말입니다. 출신성분이 다름을 환기시키는 말입니다. 혹은 '우리는 서로 상종할 사이가 아니지 않느냐?' 하는 말로 들릴 수도 있는 말입니다. 이것은 여호와 신앙을 가진 사람의 입에서 나올 수 없는 말입니다. 며느리들을 저주의 땅, 죽음의 땅으로 보내는 것입니다.

여호와 신앙을 갖게 된 룻이 들었을 때 믿어지지 않았을 수 있습니다. 룻은 자기의 귀를 의심했을 것입니다. 자기를 이방인의 신들에게로 돌아가라고 강권하는 시어머니가 제정신이 맞나 의아하게 생각했을 것입니다.

참기 쉽지 않았을 수 있습니다. '그동안 함께 살았던 세월이 얼마인데 어찌 그런 식으로 말합니까. 지금까지 저를 가족이 아니라 이방인 취급을 하셨단 말입니까? 해도 너무하십니다. 정말 서운합니다.' '나도 오르바처럼 가 버릴까. 나를 이방 여인으로 생각하는 이런 시어머니와 함께 간다고 따라 나선 내가 한심하지.' 이런 생각도 없지 않았을 것입니다.

나오미의 말에 마음이 상하고 시어머니에 대해 엄청 실망도 했을 것이지만 룻은 부정적인 감정을 전혀 드러내지 않습니다. 룻은 단호하게 나오미의 권하는 말을 거부합니다. 오르바처럼 결정하지 않습니다.

룻은 이스라엘 백성에 편입 되고 하나님의 자녀가 되려는 목적을 위해 참았던 것입니다. 만일 나오미의 말에 화를 내고 발끈 했다면 자신의 목적을 이루지 못했을 것입니다.

아무리 서운한 말이어도 참아야 할 때에는 참아야 합니다. 온유와 겸손의 마음이 하나님의 계획을 이룹니다. 교만과 혈기와 분노는 하나님의 뜻을 이루는 데에 큰 장애물입니다.

룻기는 오르바에 대해 부정적으로 말하지 않습니다. 하지만 오르바에 대해 더 이상 언급이 없는 것을 보면, 오르바의 결정이 잘한 것이 아니라는 점을 암시합니다. 즉, 룻기서는 오르바가 자기 백성에게 돌아간 다음 어떻게 되었는지 관심이 없습니다. 오르바는 역사의 무대에서 사라집니다.

룻도 선택했고, 오르바도 선택했습니다. 그들의 선택에 따라 인생의 항로가 달라졌습니다. 하나님을 선택하고 그 선택에 인생을 투자할 때, 하나님의 손길이 임하게 됩니다.

누구를 모범 삼아 행동할 것인가 하는 문제는 중요합니다. 누구를 보고, 누구를 기준으로 삼고, 누구를 따를 것인가, 이것이 중요합니다. 잘 분별해야 합니다. 그리고 선택해야 합니다. 충고와 제안과 권면이 언제나 옳은 것은 아닙니다.

계산 없는 인간관계를 이루라

"룻이 이르되 내게 어머니를 떠나며 어머니를 따르지 말고 돌아가라 강권하지 마옵소서"

But Ruth said: Entreat me not to leave you, or to turn back from following after you.

룻의 고집도 만만치 않습니다. 시어머니 곁을 떠나지 않습니다. 나오미를 따라 베들레헴으로 가는 것은 세상적으로 소망이 없고 한심한 일이라는 것을 룻도 모르지 않았을 것입니다. 결혼할 가능성은 아예 포기한 것입니다. 유대 땅에서 사람들이 시어머니를 어떻게 대할지도 미지수였습니다. 경제적인 능력도 없습니다. 유대 사람들이 이방인인 자기를 어떻게 대할지도 알 수 없는 일이었습니다. 모압 여자인 자기를 선대해 줄 것을 기대할 수 없었습니다.

이런 막막한 상황인줄 뻔히 알면서도 도대체 룻은 왜 나오미를 붙잡고 따라 나서기로 결정했을까요? 룻은 왜 끝까지 나오미와 함께 있으려고 했을까요?

한 가지 분명한 것은 룻은 계산을 하지 않은 것입니다. 조금이라도 현실적인 계산을 했다면 룻도 오르바처럼 모압으로 돌아갔을 것입니다. 룻이 나오미와 함께 떠나기로 작정한 것은 계산을 하지 않았기 때문에 가능했습니다.

이러한 사실은 룻 자신의 말에서도 드러납니다. 룻은 죽음 이외에는 시어머니를 떠나지 않겠다고 고백합니다. 어머니를 따라 갔다가 죽을 수도 있겠다는 생각까지 했다는 말입니다. 그럼에도 룻은 시어머니와 함께 살기로 결심합니다. 자기 인생의 손익계산보다는 시어머니와의 관계를 우선시 했습니다.

우리가 더불어 사는 사람들과의 사이에서 손익 계산을 하지 않고 인간관계 자체를 소중하게 여길 수 있어야 합니다. 그것이 사람다운 모습입니다.

관계를 살리기 위해서는 희생이 수반된다

"어머니께서 가시는 곳에 나도 가고 어머니께서 머무시는 곳에서 나도 머물겠나이다"

For wherever you go, I will go; and wherever you lodge, I will lodge.

룻은 시어머니를 떠나지 않기로, 즉 버리지 않기로 결심합니다. 그것은 역설적으로 자기 자신을 버린 것입니다. '어머니가 가시는 곳'은 경제적 여유나 안락한 삶, 행복한 환경이 기다리는 곳이 아니었습니다.

고대 사회에서 과부는 경제력이 없습니다. 나이가 들어 늙게 되면 더 한심한 처지에 놓이게 됩니다. 때문에 '어머니가 유숙하는 곳'은 좋은 집에 좋은 가구를 갖추어 놓고 살 수 있는 곳이 아닙니다.

그런 열악하고 구차한 삶이 기다리고 있다 할지라도 어머니와 동행하고 동반자로 살겠다는 룻의 선택은 쉽지 않은 선택입니다.

룻의 희생이 엿보입니다. 어머니를 위로하고, 어머니의 동반자로 살면서 겪어야 할지도 모르는 불편을 감수하겠다는 희생의 마음이 드러납니다. 관계를 살리기 위해서는 희생이 요구됩니다.

주관을 갖고 행동하라

"어머니의 백성이 나의 백성이 되고 어머니의 하나님이 나의 하나님
이 되시리니"

Your people will be my people and your God my God.

룻의 반응에서 특이한 점이 발견됩니다. 반발이 점점 강해
진 것입니다. 처음에는 '싫어요. 어머니와 같이 가겠습니다' 정도
로 반응합니다. 그 다음에는 '죽어도 못 떠납니다'로 좀 더 강하
게 반발합니다. 그리고 마침내 '제발 그런 말씀 좀 하지 마세요'
라고 공세적으로 변합니다.

룻이 분명한 기준과 주관을 갖고 있음을 알게 됩니다. 주관
이 뚜렷하지 않다면 이런 강력한 반응을 보이기 쉽지 않았을 것
입니다.

주관을 갖는 것과 주관적이 되는 것은 차이가 있습니다. 주
관을 갖는 것은 기준에 따라 생각하고 행동하는 것으로, 그것은
전체적인 상황을 염두에 두고 판단하는 것입니다. 반면 주관적
이 되는 것은 다른 사람들과의 관계나 전체적인 상황을 고려하
지 않고 자기 입맛에 맞게 생각하고 말하고 행동하는 것입니다.

룻의 이런 강한 모습은 나오미가 예상치 못한 일이었을 것
입니다. 평상시 룻은 시어머니에게 늘 순종하는 여인이었습니
다. 그랬던 룻이 이렇게 강력하게 반발하는 것은 어쩌면 처음이
아니었을까 싶습니다. '그동안 살면서 저 아이가 저렇게 단호한

모습을 보인 적이 없었는데' 하는 생각이 들었을지 모릅니다.

룻이 그렇게 분명한 주관을 갖게 된 이유가 드러납니다. 룻은 여호와 신앙으로 깊고 정확하게 들어간 사람이었습니다. 남편이 살아 있을 때 하나님에 대해 들었을 것이고, 시어머니를 통해 하나님에 대한 가르침을 더 받았을 수도 있습니다.

룻에게 하나님을 아는 지식이 확신으로 각인되었던 것 같습니다. 하나님에 대한 믿음이 룻의 신앙고백으로 단호하게 나타납니다. '하나님의 백성'이라는 언약 개념이 룻에게 형성되어 있었습니다. 그래서 '너희 백성과 너희 신(神)들에게로' 돌아가라는 나오미의 강권에 '어머니의 백성과 어머니의 신(神 여호와)에게' 돌아가겠노라고 강변한 것입니다.

아마 룻은 하나님에 대한 인지적인 이해의 차원을 넘어 하나님을 직접 체험했던 것 같습니다. '나의 하나님'이란 언급이 예사롭지 않습니다. 이것은 당시로서는 획기적인 일이 아닐 수 없습니다. 하나님과의 관계성을 언급하는 것이기 때문입니다. 이러한 깊은 하나님 지식과 깨달음, 그리고 개인적 체험이 있었기 때문에, 룻이 주관을 갖고 행동할 수 있었던 것입니다.

단절해야 할 과거와는 확실하게 단절하라

"어머니께서 죽으시는 곳에서 나도 죽어 거기 묻힐 것이라"
Where you die I will die, and there I will be buried.

여기서 룻이 '장사'(burial)를 언급하는 것이 의미심장합니다. 고대 근동 사회에서는 죽은 후 조상의 땅에 묻히는 것이 대단히 중요했습니다. 요셉도 자신의 뼈를 애굽에서 가지고 나가 아버지 야곱이 사 놓은 땅에 묻어 줄 것을 당부합니다(창 50:24-26; 수 24:32 참조).

나오미가 장사되는 곳에서 자신도 장사될 것이라는 말은 자기 조상의 땅으로는 죽어서도 돌아가지 않겠다는 말입니다. 이것은 나오미에 대한 평생 헌신을 다짐하는 말이며, 동시에 과거와의 철저한 단절을 의미합니다. 죽은 이후에라도 과거의 삶과 과거의 종교로는 돌아가지 않겠다는 각오입니다.

룻에 관한 자세한 정보가 없어 확실하게 말하기는 어렵지만, 만일 룻의 부모가 생존해 있었다면 룻의 이 각오가 갖는 의미는 더욱 절실하게 들립니다. 본토, 친척 및 부모의 집을 떠나 하나님께 향하는 것이기 때문입니다.

룻이 '죽음'이라는 최악의 상황을 언급한 것을 보면, 그녀가 즉흥적으로 혹은 감정에 치우쳐 어머니를 따라가겠다고 한 것이 아님을 알려줍니다.

룻의 유대 행(行)은 장애물이 가득한 여정입니다. '어머니의 백성'인 유대 민족이 룻을 한 동족으로 받아들이지 않을 가능성이 매우 컸습니다. 유대 민족이 모압 여인에게 호의적으로 대할 이유가 없습니다. 룻을 거부할 것입니다. 룻이 유대 공동체의 일원이 될 가능성은 거의 없었다고 보아야 합니다.

룻은 개의치 않고 이스라엘로 올라갑니다. 수모와 박해를 감수하고 올라가는 것입니다. 그렇게 위험을 감수하는 것은 하나님에 대한 신뢰가 없으면 가능하지 않은 일입니다.

룻은 하나님을 향해 떠납니다. 나오미가 죽은 이후에라도 자기는 이스라엘에 남겠다고 합니다. 이것은 시어머니에 대한 헌신의 차원을 넘어섭니다. 하나님을 향하는 마음이 있었기 때문에, 시어머니의 죽음 이후에도 자신은 계속 이스라엘 백성의 일원으로 남겠다는 말입니다. 자신은 모압 백성의 삶이나 그들의 전통과 완전히 단절하겠다고 선언한 것입니다.

이렇듯 우리도 단절해야 할 과거와는 확실하게 단절하는 각오가 필요합니다.

하나님을 바로 깨달아라

"만일 내가 죽는 일 외에 어머니를 떠나면 여호와께서 내게 벌을 내리시고 더 내리시기를 원하나이다 하는지라."

The Lord do so to me, and more also, If anything but death parts you and me.

나오미는 며느리들에게 고향으로 돌아가라고 하면서 다음과 같이 말했습니다. "여호와께서 너희를 선대하시기를 원하며, 여호와께서 너희로 각각 남편의 집에서 평안함을 얻게 하시기를 원하노라." 그리고 자신이 당한 역경을 언급하면서 "여호와의 손이 나를 치셨다"(13절)고 했습니다. 룻은 나오미의 하나님 이해 혹은 하나님 해석을 사실상 거부한 것입니다.

룻은 자기가 나오미를 떠나면 여호와께서 자기에게 벌을 내리고 더 내리시기를 구합니다. 이것은 나오미를 떠나는 것이 여호와께서 허락하시는 길이 아니라는 말입니다. 그렇게 행동하면 여호와께서 자기도 치실 것이라는 말입니다. 나오미의 관점과는 정반대입니다.

이것은 룻의 항변이기도 합니다. 여호와께서 벌을 내리셔서 그토록 처절하고 쓰라린 경험을 했던 마당에, 자신의 삶에도 여호와의 벌이 임하면 좋겠느냐는 항변입니다. 그럴 수는 없다는 것입니다. '저도 여호와의 벌 받기를 원하시는 것이 아니라면 저더러 떠나라고 말하지 마십시오' 이런 뉘앙스로 말한 것입니다.

룻의 율법 실력도 보통은 넘었던 것 같습니다. 훗날 룻이 보아스에게 결혼 의사를 밝히는 장면에서 보아스에게 '당신이 기업 무를 자가 됨이니이다'(3:9)라고 합니다. 보아스에게 기업 무를 자의 의무를 행하라고 요구할 정도인 것을 보면, 율법에 상당히 정통한 실력을 갖고 있었던 것입니다.

여호와의 징계와 벌을 언급하며 대응하는 룻의 논리와 반박에 나오미도 더 이상 할 말이 없어집니다. '그래 네 말이 맞다. 내 생각이 틀렸다' 이런 마음이 들었을 것입니다. 룻의 하나님 이해, 하나님에 대한 깨달음이 더 정확한 것임을 인정하지 않을 수 없었습니다.

하나님 앞에서 철저히 낮아진다

"나오미가 룻이 자기와 함께 가기로 굳게 결심함을 보고 그에게 말하기를 그치니라"

When she saw that she was determined to go with her, she stopped speaking to her.

룻의 말이 나오미의 입을 막습니다. 더 이상 돌아가라고 말을 못합니다. 나오미가 침묵합니다. 이 침묵은 떨떠름한 침묵입니다. 룻이 강력하게 어머니와 동행하겠고 죽음이 두 사람을 갈라놓을 때까지 버리지 않겠다는 희생적인 결정을 했음에도 불구하고, 룻에게 고마움을 표하지 않습니다.

'애야, 어려운 결정을 내려 고맙구나. 네 결심이 정 그렇다면, 함께 가도록 하자. 앞으로 힘든 일이 있더라도 서로 의지하며 살자꾸나.'

이런 정도의 말이라도 해 주었어야 하는데, 나오미는 그냥 말을 그칩니다. 뭔가 미묘한 생각이 나오미의 마음에 떠올랐던 모양입니다. 나오미의 입장을 살펴보는 것으로 우리의 관심을 돌려 보겠습니다.

나오미로서는 룻과 동행하는 것이 여러 면에서 부담이 되었을 것입니다. 나오미에게 룻은 잊고 싶은 과거입니다. 룻이 곁에 있으면 죽은 아들을 생각나게 할 것이기 때문입니다. 룻의 동행이 위로가 되기도 하겠지만 동시에 비극적인 과거를 계속 기억나게 하는 것도 사실입니다.

또 한 가지는, 만일 나오미 혼자 유대 땅으로 돌아간다면, 자기 아들들이 모압 여인들과 결혼했다는 사실을 숨길 수 있을지 모릅니다. 부끄러운 과거요, 드러내기 창피한 역사이기 때문입니다. 룻이 동행하게 되면, 그녀가 자신의 며느리라는 사실이 들통나고, 결국 자기 아들이 모압 여인과 결혼했다는 부끄러운 과거도 함께 폭로될 것이 분명합니다.

그런데 룻이 죽기 살기로 따라 나서겠다고 결심이 굳은 것을 보고 더 이상 거절할 명분을 찾지 못합니다. 나오미는 모압 땅에서의 행적이 모두 다 드러나게 될 것을 감수해야 합니다. 이것을 어떻게 설명할 수 있겠습니까?

이것은 분명 하나님께서 주도하시는 일입니다. 나오미의 부끄러운 과거는 모두 드러나도록, 그래서 하나님과 사람들 앞에서 철저하게 낮아지도록 만드시는 것이 하나님의 뜻입니다. 새로운 삶의 여명은 철저한 자기 부정과 낮아짐에서 밝아오기 시작합니다.

하나님은 룻을 사용하셔서 나오미의 체면과 자존심을 철저하게 무너뜨리십니다. 아마 나오미도 그러한 하나님의 압박을 느꼈을 것입니다. '이것은 내 의도대로 될 일이 아니구나' 하고 깨달았을 것입니다. 그래서 침묵합니다. 하나님의 간섭이 있음을 느낀 것입니다.

하나님 앞에서는 투명해야 합니다. 철저하게 낮아져야 합니다. 그러면 하나님께서 우리 삶에 새로운 역사를 시작하십니다.

하나님을 향한
방향전환

룻 1:19-22

¹⁹ 이에 그 두 사람이 베들레헴까지 갔더라 베들레헴에 이를 때에 온 성읍이 그들로 말미암아 떠들며 이르기를 이이가 나오미냐 하는지라 ²⁰ 나오미가 그들에게 이르되 나를 나오미라 부르지 말고 나를 마라라 부르라 이는 전능자가 나를 심히 괴롭게 하셨음이니라 ²¹ 내가 풍족하게 나갔더니 여호와께서 내게 비어 돌아오게 하셨느니라 여호와께서 나를 징벌하셨고 전능자가 나를 괴롭게 하셨거늘 너희가 어찌 나를 나오미라 부르느냐 하니라 ²² 나오미가 모압 지방에서 그의 며느리 모압 여인 룻과 함께 돌아왔는데 그들이 보리 추수 시작할 때에 베들레헴에 이르렀더라.

하나님이 우리의 목적지다

"이에 그 두 사람이 베들레헴까지 갔더라"
Now the two of them went until they came to Bethlehem.

드디어 나오미와 룻이 베들레헴에 도착합니다. 하나님을 향한 인생의 방향전환을 실천한 것입니다. 앞으로 어떤 일이 어떻게 전개될지 미지수인 가운데 고향 땅으로 귀환합니다.

나오미가 베들레헴으로 올라가기로 결정하게 된 원인은 무엇일까요? 양식이 있다고 해서 올라간 것입니까? 그렇지 않습니다. 양식을 얻으려고 돌아간 것이었다면, 나오미의 인생은 정말 별 볼일 없고 비참하기 짝이 없게 됩니다.

나오미가 베들레헴을 향하여 올라간 것은 하나님 때문입니다. 고난의 현장에서 하나님을 발견했고, 하나님에 대한 새로운 깨달음을 얻게 된 것입니다. 그러기에 하나님을 찾아 그 길을 올라간 것입니다. 나오미는 하나님의 영토를 떠난 것이 큰 잘못이었음을 깨닫고, 하나님의 땅으로 귀환하는 것입니다. 여호와께로 가까이 가는 것이고, 여호와의 약속 안에서 살아 보려고 가는 것입니다.

우리 인생의 방향전환도 하나님을 찾는 것이어야 합니다. 잃어버린 명예를 회복하거나 체면을 살리기 위한 방향전환이 아닌, 하나님을 내 삶의 중심에 다시 모시는 방향전환이어야 합니다. 하나님과의 관계 회복이 방향전환의 핵심입니다. '앞으로는 하나님의 뜻과 하나님의 지시를 따라 살겠습니다' 하는 신앙 고백의 자리로 돌아가는 것입니다.

이 짧은 귀환 기록에서 룻의 처지도 생각해 볼 수 있습니다. 룻은 죽기를 각오하고 시어머니와 동행하여 베들레헴으로 갑니다. 룻도 시어머니에게 물어보고 싶은 것이 많았을 것입니다.

그런데 나오미는 침묵만 합니다. 며느리의 고민을 아는지 모르는지 그저 묵묵히 걷기만 합니다. 물론 룻은 시어머니가 자기와 함께 베들레헴에 올라가는 것에 부담을 느낀다는 사실을 충분히 눈치 챘을 것입니다. 그래서 시어머니가 베들레헴에 이르기까지 침묵으로 일관해도 아무 불평도 하지 않습니다. 베들레헴 귀환이 나오미에게 무엇을 의미하는지 잘 알고 있었기 때문입니다.

여기서 우리는 나오미의 침묵과 더불어 룻의 침묵에 주목하게 됩니다. 룻은 베들레헴으로 걸어 올라가는 나오미의 심정을 헤아렸던 것입니다. 가야하기 때문에 어쩔 수 없이 가지만, 나오미는 통곡하고 싶은 심정이었을 것입니다. 그런 시어머니와 동행하며 어설프게 위로를 한다거나 기분을 좋게 만들어 보려는 제스처를 보이지 않습니다. 룻도 그저 침묵합니다.

이것이 진정한 길벗의 모습입니다. 같이 길을 가는 것으로 위로가 되어주는 것입니다. 우는 사람과 같이 울고, 기쁜 사람과 같이 기뻐하고, 침묵하는 사람과 같이 침묵하는 것입니다.

룻은 나오미의 심정에 맞추어 함께 침묵을 한 것 같습니다. 베들레헴에 올라가면 어떻게 살아야 할지, 사람들이 거부하면 어떻게 할지, 쫓겨나면 어떻게 할지, 적절한 생계 수단이 없으면 어떻게 할지 등 무수한 질문이 올라왔을 것인데, 룻은 침묵합니다. 이것이 진정한 길벗의 모습입니다.

다시 시작할 기회를 주신다

"베들레헴에 이를 때에 온 성읍이 그들로 말미암아 떠들며 이르기를 이이가 나오미냐 하는지라"

And it happened, when they had come to Bethlehem, that all the city was excited because of them; and the women said, "Is this Naomi?"

나오미와 룻이 베들레헴에 도착하자마자 성읍 전체가 떠들썩합니다. 나오미는 베들레헴에 도착했을 때 가능한 한 사람들의 눈에 띄지 않기를 바랐을 것입니다. 그러나 나오미의 기대와 달리 온 성읍이 나오미의 귀환을 알아버렸습니다.

여기에 사용된 3인칭 복수 인칭대명사 '그들'은 히브리어에서 여성 명사입니다. 따라서 '그들'은 베들레헴 여인들입니다. 형편없는 몰골을 하고 들어오는 두 여인을 베들레헴에 있는 거의 모든 여인들이 알아보고 떠들어 댄 것입니다. 베들레헴을 떠난 지 10년 이상의 세월이 흐른 어느 날 갑자기 나타난 나오미를 보며 성읍 여인들이 떠들어 대는 것입니다.

여기서 "떠들며"라는 단어는 두 가지로 해석이 가능합니다. 긍정적으로는 '기뻐서 환호한다'는 뜻이고, 부정적으로는 '소동이 일어나다'는 뜻입니다. 여기에서는 두 가지 의미가 모두 담겨 있습니다.

이것은 성읍 여인들의 반응과도 연결됩니다. "이가 나오미냐?"하는 말은 '당신이 10여 년 전에 떠났던 그 나오미 맞나요?' 하고 묻는 질문이 아닙니다. 여인들 사이에서 자기들끼리 주고받는 말이었습니다. 즉, 답을 요구하는 질문이 아니라, 일종의 수사적인 질문입니다. 여인들이 달려와 나오미의 행색을 보고서 자기들끼리 수군거린 말입니다.

이 말도 두 가지로 해석이 가능한데, 반가워서 하는 말이기도 하고, 행색이 달라진 것에 놀람과 염려를 표현하는 말이기도 합니다. 두 가지 모두 적용 가능합니다.

베들레헴 여인들은 오랜만에 나오미를 보고 반가웠을 것입니다. 그러나 그녀가 하고 온 행색이 참으로 초라하기 짝이 없어 깜짝 놀랐을 것입니다. 그래서 나오미의 손을 덥석 잡고 반겨주는 말을 건네지 못합니다. 자기들끼리 수군거립니다. 형편없이 몰락한 모습, 극도로 궁색한 꼴로 돌아온 사실이 모든 여인에게 발각됩니다.

나오미는 차라리 잘된 일이라 생각했을 수 있습니다. 옛적 친구들이 방문해서 어떻게 된 사정인가 물으면 그 동안 있었던 일들을 낱낱이 설명해 주어야 합니다. 한 자리에 모두 모였으니 한 번에 자신의 처지를 설명할 수 있는 기회가 주어진 셈입니다. 나오미의 행색이 저간의 모든 사정을 말해주기 때문에, 그녀는 더 이상 감출 필요도 없고, 궁색하게 변명할 필요도 없습니다. 모든 것이 한꺼번에 폭로되어 버렸기 때문입니다.

하나님이 그렇게 하신 줄 압니다. 베들레헴에 귀환한 나오미에게 아예 밑바닥부터 다시 시작할 기회를 만들어주신 것입니다. 인간의 속성을 정확히 꿰뚫어 보고 계신 하나님께서 아예 빈 마음으로 새 출발하도록 배려해 주신 것입니다.

자신의 실상을 스스로 인정하라

"나오미가 그들에게 이르되 나를 나오미라 부르지 말고 나를 마라라 부르라"

Do not call me Naomi; call me Mara.

베들레헴 여인들의 수군거림을 듣고 나오미가 먼저 입을 엽니다. 나오미는 여인들에게 자기를 나오미라 부르지 말라고 두 번 강조합니다. 나오미라는 이름의 뜻은 '기쁨, 즐거움, 달콤함'입니다. 이에 반해 '마라'(mara)는 '비통함, 쓴 뿌리'라는 뜻입니다.

나오미는 베들레헴 여인들이 자기 이름을 언급하는 소리를 들었습니다. 그리고 자신의 현재 처지를 솔직하게 토로합니다. 나오미는 여인들에게 망해서 돌아왔다고 고백합니다. 10년 모압에서의 삶을 네 문장으로 요약합니다. '전능자가 나를 심히 괴롭게 했다' '여호와께서 나를 비어 돌아오게 했다' ' 여호와께서 나를 징벌하셨다' '전능자가 나를 괴롭게 했다' 자신이 괴로움을 많이 겪었고, 고초를 당했고, 가족과 재산을 모두 잃고 돌아왔노라고 말합니다.

이렇게 자신의 처지를 고백하고 난 나오미는 아마 체증이 뚫리는 것처럼 느꼈을지 모릅니다. 베들레헴을 향해 올라오는 내내 '베들레헴에 올라가 사람들을 만나면 뭐라고 말해야 하나' 고민하였을 것입니다.

그런데 이렇게 베들레헴의 모든 여인들에게 자신의 처지를 다 털어놓고 나니 십년 묵었던 체증이 빠지는 것 같이 속이 시원했을 것입니다.

자신의 처지를 솔직하게 인정하는 것이 영적으로 건강한 일입니다. 꾸미는 것은 건강하지 않습니다. 하나님과 사람 앞에서 자신의 형편을 솔직하게 인정하는 자세가 필요합니다.

하나님을 알아야 해석이 가능하다

"이는 전능자가 나를 심히 괴롭게 하셨음이니라 내가 풍족하게 나갔더니 여호와께서 내게 비어 돌아오게 하셨느니라 여호와께서 나를 징벌하셨고 전능자가 나를 괴롭게 하셨거늘"

For the Almighty has dealt very bitterly with me. I went

out full, and the Lord has brought me home again empty
since the Lord has testified against me, and the Almighty has
afflicted me?

나오미가 베들레헴 여인들에게 자신의 처지를 이야기할 때
매 문장마다 '여호와'와 '전능자'를 언급합니다. 나오미는 고난을
통해 여호와를 만났던 것입니다.

첫째는 자신이 당한 고난이 여호와께서 행하신 일임을 알았
고, 둘째는 여호와는 전능자라는 사실을 알았습니다.

'전능자'라는 칭호는 구약의 다양한 맥락에서 사용되었습니
다. 복과 저주를 주관하시는 분(창 17:1, 28:3, 35:11), 심판을 내
리시는 분(사 13:6; 요엘 1:15; 욥 5:17) 또는 권능 있는 분(겔
1:24, 10:5; 시 68:15, 91:1) 등으로 등장합니다.

나오미는 고난을 통해 여호와는 어떤 분이신지, 여호와의
생각은 어떤 것이었는지, 얼마나 능력이 크신 분이신지 절실하
게 깨닫습니다. 남편이 죽고, 두 아들이 죽고, 재물을 모두 잃는
처참한 경험을 통해 하나님 두려운 줄 알게 된 것입니다.

살겠다고 모압 이주를 결행했지만, 살고 죽는 것이 여호와
의 손에 달려 있음을 깨달은 것입니다. 계획을 관철시키려고 아
무리 애를 써도 하나님이 허락하시지 않으면 망할 수밖에 없음
을 알게 된 것입니다. 고난을 통해 하나님 고백이 터져 나온 것
입니다.

나오미가 자신의 삶을 해석하는 관점이 깊어집니다. 자신의

삶에 일어난 일들이 하나님의 손길이었음을 깨달은 것입니다.

인도에 선교사로 오래 사역했던 레슬리 뉴비긴(Leslie Newbigin)의 일화가 있습니다. 선교사로 인도에 도착한 첫 주에 자동차 사고를 당해 병원에 입원을 하게 됩니다. 그런데 같이 그 차를 타고 있던 사람들의 반응이 모두 다르다는 사실을 발견합니다.

인도 현지인은 차 사고를 당한 것이 전생의 업(karma)으로 인한 것이라고 말했고, 영국인 관리는 평소 자동차 정비를 잘 하지 않았기 때문이라고 해석했습니다.

뉴비긴의 동료 선교사는 '선교지에 부임한지 일주일 만에 사고가 나고 병원에 입원하게 하신 하나님의 뜻이 있지 않겠느냐'는 말로 그를 위로했다고 합니다. 각 문화권에 속한 사람들이 가지고 있는 세계관에 따라 일상에서 일어나는 일에 대한 해석이 다른 것을 자동차 사고를 통해 알게 된 것입니다.

나오미도 현실에서 일어난 일들을 새로운 각도에서 해석합니다. 이해할 수 없고 받아들이기도 힘든 일들이 발생했는데, 그것은 하나님의 징벌이었다고 해석합니다. 이것은 단지 추측성 해석이 아닙니다. 나오미의 심령 속에서 터져 나오는 진솔한 고백입니다. 하나님의 손길을 선명하게 깨달은 사람의 해석입니다.

"내가 풍족하게 나갔더니 여호와께서 내게 비어 돌아오게 하셨느니라"

누구나
이삭줍기 할 때가 있다

모압으로 이주할 때 세상적으로는 풍족했을지 몰라도 영적으로는 비어 있었습니다. 베들레헴으로 귀환하는 길은 비어 돌아오지만 여호와께서 함께 하셨기 때문에 영적으로는 오히려 풍족하게 돌아온 것입니다. 세상적인 풍요가 영적인 풍요는 아니고, 세상적으로 빈 것이 영적으로 빈 것은 아닙니다.

21절에 '징벌하셨다'는 동사는 법정 전문용어입니다. '여호와께서 나를 징벌하셨다'는 말은 '여호와께서 나를 고소하셨다' 혹은 '여호와께서 나에 대해 불리한 증언을 하셨다'는 뜻입니다. 나오미 가족이 모압으로 이주를 했는데, 그것을 보고 하나님이 직접 고소하셨고, 그것이 잘못이라고 법정에서 불리한 증언을 하셨다는 뜻입니다. 여호와가 불리한 증언을 하시는 바람에 자기의 인생이 완전히 풍비박산이 되었다는 고백입니다. 나오미는 하나님의 고소와 증언이 매우 두렵다는 사실을 언급하고 있는 것입니다.

우리에게도 이해할 수 없는 일들이 종종 발생합니다. 그럴 때 우리는 '왜'라는 질문을 던집니다. 그런데 눈에 보이는 현상의 이면에 보이지 않는 하나님의 손길이 계심을 볼 수 있어야 합니다. 현상의 배후에 하나님이 보여야 우리가 살아가는 현실에 대한 바른 해석을 내릴 수 있습니다.

위기 상황은 정직으로 돌파하라

"여호와께서 나로 비어 돌아오게 하셨느니라. 나를 징벌하셨고 전능자가 나를 괴롭게 하셨거늘 너희가 어찌 나를 나오미라 칭하느뇨"

The Lord has brought me back empty. Why call me Naomi? The Lord has afflicted me; the Almighty has brought misfortune upon me.

우리는 나오미의 고백이 베들레헴 여인들에게 하는 것임을 주목하여 볼 필요가 있습니다. 나오미의 말을 요약하면 다음과 같습니다. (1) 나는 쫄딱 망했다. 남편과 두 아들과 전 재산을 잃었다. (2) 여호와의 벌을 받았다. 우리가 여호와의 벌을 받을 짓을 했다. (3) 나는 죄인이다.

나오미가 이런 고백을 했을 때 베들레헴 여인들의 반응이 어땠을까요? 동정하는 마음이었을까요? 불쌍한 마음이었을까요? 베들레헴 여인들의 반응은 냉정했을 것입니다.

남편 엘리멜렉과 두 아들이 모두 죽고 혼자 거지꼴이 되어 돌아온 나오미는 영락없는 죄인일 수밖에 없었기 때문입니다. 약속의 땅을 등지고 모압으로 내려간 일 말고도 다른 무슨 큰 죄를 지은 것은 아닐까 생각했을 수도 있습니다.

고대 사회에서 정(淨)과 부정(不淨)은 엄격히 구별했습니다. 유대 백성은 하나님의 벌을 받은 죄인과 상종하려 하지 않습니다. '죄인'이라는 낙인이 찍히면 공동체에서 추방되는 경우가 많습니다. 그런 면에서 보면, 나오미는 매우 위험한 발언을 한 것입니다. 전혀 자신의 처지를 변명하려 하지 않았습니다.

만일 나오미가 '우리가 잘 살아보려고 애썼는데, 가족이 모두 죽게 되었고, 여호와의 은혜로 나만 간신히 목숨을 부지하여 오매불망 그리던 고향에 돌아오게 되었다'는 식으로 말했다면 약간의 동정이라도 얻을 수 있었을지 모릅니다.

죄인을 멀리하는 전통 사회에서 '나는 하나님의 벌을 받았고, 하나님이 우리를 대적하셨고, 나는 죄인입니다'라고 고백하면 문제가 커지게 됩니다. 베들레헴 여인들이 돌맹이를 던져 나오미와 룻을 동네 밖으로 쫓아내지 않은 것이 다행입니다. 어쩌면 나오미는 그런 반응까지 염두에 두고 자신이 죄인임을 고백했던 것 같기도 합니다.

이 장면 이후에 베들레헴 여인들은 사라집니다. 그리고 나중에 룻이 보아스와 결혼하고 아이를 낳은 다음에 다시 등장합니다. 이것은 그 기간 동안에 베들레헴 여인들이 나오미와 상종하지 않았음을 간접적으로 알려주는 것입니다.

이러한 배경을 고려할 때, 나오미는 자기가 죄인임을 이실직고 하고, 나머지는 하나님의 손에 맡긴 것으로 보입니다. 그러지 않고서야 그런 이야기를 여인들 앞에서 그렇게 쉽게 할 수 없었을 것이기 때문입니다.

사람들 앞에서 체면을 차리는 것이 능사가 아닙니다. 하나님 앞에서 자신이 죄인임을 처절하게 인식하고 고백할 기회를 놓치지 않는 것이 중요합니다.

하나님은 우리를 주목하고 계신다

"나오미가 모압 지방에서 그의 며느리 모압 여인 룻과 함께 돌아왔는데"

So Naomi returned from Moab accompanied by Ruth the Moabite, her daughter-in-law.

나오미와 여인들의 대화가 그치고, 룻기 저자가 상황을 설명합니다.

나오미가 베들레헴 여인들과 만나는 장면에 룻이 보이지 않습니다. 나오미가 여인들과 대화 할 때 전부 일인칭 단수로 언급합니다. '전능자가 나를' '여호와가 나로' '여호와께서 나를' '전능자가 나를' 나오미의 안중에는 룻이 없었던 것 같습니다.

베들레헴으로 올라오기 직전에 룻이 나오미에게 목숨 걸고 따르겠다고 다짐한 말들이 귀에 쟁쟁했을 것인데, 나오미에게 룻은 존재하지 않는 사람이 아닌가 생각이 들 정도입니다. 룻의 입장에서는 서운했을 것 같습니다. 시어머니에게는 자기라는 존재가 아무 것도 아닌가 하는 서운한 마음이 들었을지 모릅니다.

나오미가 여인들에게 자기의 비통함을 말하면서 '마라'로 부르라고 했을 때, 룻도 비통함을 느꼈을 것입니다. 자기의 비통함은 전혀 고려되지 않았기 때문입니다. 졸지에 남편을 잃고 청상과부가 되었고, 본토 친척 부모를 등지고 나오미를 따라 나선 자신도 비통한 일들을 겪은 장본인이었기 때문입니다. 그러나 나오미는 동행한 룻에 대해 일체 언급하지 않았습니다.

그런데 룻기의 저자는 룻의 존재에 주목합니다. 나오미가 여인들과 대화를 할 때 룻도 그녀 곁에 있었다는 사실을 환기시킵니다. 22절 앞부분을 원문에 충실하게 번역해 보면 다음과 같습니다. '그래서 나오미가 돌아왔는데 모압 여인 룻과 함께 왔다. 그녀는 모압 지방에서 돌아온 나오미의 며느리였다.'

본문은 룻에 대해 두 가지 특기할만한 언급을 합니다. 첫째는 룻을 정식으로 소개합니다. 유대인들 앞에서 떳떳하고 당당하게 '모압 여인 룻'이라고 밝히고 있습니다. 이방인의 신분을 감추지 않은 것입니다.

둘째는 룻이 베들레헴으로 올라온 것을 '돌아왔다'고 표현합니다. 마치 길을 떠났다가 되돌아온 사람처럼 말합니다. 나오미가 돌아온 것보다 훨씬 비중 있게 다루어 소개하고 있습니다. 나오미가 고향에 돌아온 것처럼, 룻도 고향에 돌아온 것임을 암시하는 표현입니다.

아무도 이방 여인 룻의 출현을 고향에 돌아온 것으로 이해하지 못했습니다. 사실 룻의 베들레헴 방문은 태어나서 처음이었을 것입니다. 나오미도 룻이 돌아온 것이라는 관점을 갖지 못했습니다.

룻이 고향에 돌아왔다는 것은 룻기를 기록한 저자의 관점일 뿐만 아니라, 이것은 하나님의 관점이었습니다. 시어머니에게 조차 존재가 희미했던 룻이었지만 하나님은 룻이 고향으로 돌아온 것이라는 의미부여를 해 주십니다. 사람들이 알아주지 않더라도, 하나님은 룻을 주목하여 보고 계셨고 그녀의 귀향의 의미를 부여해 주셨습니다.

하나님은 미리 알고 준비하신다

"그들이 보리 추수 시작할 때에 베들레헴에 이르렀더라."

They arrived in Bethlehem as the barley harvest was beginning.

나오미와 룻이 베들레헴에 도착한 시기를 슬쩍 언급합니다. 나오미와 룻이 보리 추수 시기를 맞추어 베들레헴으로 올라온 것은 아닐 것입니다. 그냥 돌아오기로 작정하고 올라왔는데, 공교롭게도 그 때가 보리 추수를 시작할 무렵이었습니다.

이것은 우연이 아닙니다. 이 또한 하나님의 손길이며 예비하심입니다. 여호와께서 나오미로 하여금 베들레헴으로 돌아오도록 인도하셨을 적에 귀환 시기를 보리 추수가 시작될 때에 맞추어주신 것입니다.

보리 추수의 시작은 나오미와 룻의 인생이 새롭게 시작됨을 상징하는 것으로 볼 수 있습니다. 고난을 벗어나 새로운 삶으로 들어가는 단초를 예비해주신 것입니다. 앞으로 나오미와 룻의 인생은 보리 추수와 연관되어 변화가 일어날 것임을 암시해 주는 장치이기도 합니다.

나오미나 룻은 농사를 지은 적이 없습니다. 베들레헴 들판에 나가 씨를 뿌리지도 않았고 농부의 수고를 한 적도 없습니다. 그런데 추수가 언급됩니다. 추수할 것이 없는 사람들에게 추수의 때가 무슨 의미가 있을까요? 마치 일하지 아니하여도 품삯을 주시는 하나님이 계신다는 사실을 믿기만 하면 실제 품삯을 은혜로 주신다는 약속이(롬 4:4-5) 이루어질 것 같다는 기대를 갖게 합니다.

이렇듯 하나님은 우리가 험한 고비들을 넘어갈 때 조그마한 단서들을 주위에 예비해 두십니다. 우리 주변에 사사롭게 보이고 의례히 반복되는 일처럼 보이는 것들이 새로운 의미를 가지고 다가오는 경우가 있습니다. 우리의 주위를 잘 관찰하면, 그 속에서 하나님의 인도하심과 손길을 발견할 수 있습니다.

2부

새로운 삶

하나님의 일하심을
믿으며 살기

¹ 나오미의 남편 엘리멜렉의 친족으로 유력한 자가 있으니 그의 이름은 보아스더라 ² 모압 여인 룻이 나오미에게 이르되 원하건대 내가 밭으로 가서 내가 누구에게 은혜를 입으면 그를 따라서 이삭을 줍겠나이다 하니 나오미가 그에게 이르되 내 딸아 갈지어다 하매 ³ 룻이 가서 베는 자를 따라 밭에서 이삭을 줍는데 우연히 엘리멜렉의 친족 보아스에게 속한 밭에 이르렀더라.

더불어 사는 사람들을 주목하라

"나오미의 남편 엘리멜렉의 친족으로 유력한 자가 있으니 그의 이름은 보아스더라."

Now Naomi had a relative on her husband's side, a man of great wealth from the clan of Elimelek, whose name was Boaz.

나오미의 남편 엘리멜렉의 친족 보아스가 등장합니다. 나오미와 룻이 이삭줍기에 대해 대화하던 바로 그 시점에 보아스가 소개됩니다. 보아스가 그들을 위해 어떤 역할을 하게 될는지 기대하게 됩니다.

우리가 주목해 보아야 할 사실은, 나오미와 룻이 당장 입에 풀칠하는 문제로 심각한 대화를 나누던 바로 그 순간에 보아스라는 사람이 동시대에 살고 있었다는 것입니다. 나오미의 고민과 상관없이 보아스라는 인물은 그 시대에 존재하고 있었다는 것입니다. 즉, 나오미와 룻이 살던 바로 그 동일한 공간에 보아스라는 사람도 살고 있었다는 말입니다.

지금까지 우리의 관심은 나오미와 룻에게만 쏠려 있었습니다. 그러나 이제 한 사람이 무대에 등장하고, 나오미와 룻의 인생에 보아스라는 존재가 등장하게 될 가능성을 암시해 줍니다.

우리도 마찬가지입니다. 지금 여기라는 시공간에 우리만 살고 있는 것이 아닙니다. 우리와 동일한 시공간에 수많은 사람들이 함께 호흡하며 살고 있습니다.

비록 지금은 서로 의식하지 못하지만 모르는 사이에 주위에 있는 사람 중 누군가가 우리의 인생 무대에 등장할 수 있습니다. 이전까지 잘 모르고 지냈던 사람이 어느 날 불현 듯 우리 삶에 중요한 역할을 하기도 합니다.

누가 언제 어떻게 어떤 역할을 하게 될지 모르지만, 그런 일은 언제나 가능합니다. 우리 주위에 함께 살아가는 사람들을 인식하고, 그들을 귀하게 여길 수 있어야 합니다.

우리가 개인적으로 알고 지내는 사람들이 있습니다. 그러나 모르고 지내는 사람들의 수는 더 많습니다. 우리가 알고 지내는 사람은 그리 많지 않습니다. 더군다나 의미 있는 관계로 알고 지내는 사람은 제한되어 있습니다. 마당발이라는 소리를 듣는 사람이라 하더라도 의미 있는 관계는 그리 많지 않을 것입니다.

사도 바울조차 한 평생 의미 있는 관계를 맺고 지낸 사람이 그리 많지 않았습니다. 대략 오백 여 명 정도였다고 합니다. 우리도 매년 연말이 되면 성탄 카드를 발송하거나 신년카드를 발송합니다. 이번에는 누구에게 보낼까 생각해 봅니다. 그런데 카드를 보낼 사람의 수가 그리 많지 않다는 것을 새삼 발견합니다. 의미 있는 관계까지는 아니라도 인사치레로 보낼 생각을 하고 명단을 뽑아보아도 의외로 그리 많지 않습니다.

이것이 무엇을 의미합니까? 알고 지내는 사람들을 소중하게 여겨야 합니다. 그리고 그들과의 관계에 마음을 써야 합니다.

중국 문화권에서는 사람들이 관계를 상당히 중시합니다. 중국어 발음으로는 관계를 '콴시'(關係)라고 합니다. 중국계 사람들의 세계에서는 사업을 하거나 어떤 일이 이루어지려면 '콴시'가 있어야 한다고 말합니다.

관계를 중시해야 한다는 말은 관계가 없는 사람들에 대해서는 배타적이 되어도 좋다는 의미가 아닙니다. 관계를 배타적으로 강조하면 문제가 됩니다. 혈연, 지연, 학연 등의 관계를 지나치게 중시하지 말아야 합니다. 그리고 그런 관계에서 벗어나 있는 사람들에 대해서 배타적인 태도를 취하지 말아야 합니다.

하나님의 일하시는 방식도 그렇습니다. 사람을 통해서 역사하십니다. 사람을 통하여 사람을 도우십니다. 그러려면 도움을 받게 될 사람의 주변에 사람들이 있어야 합니다. 하나님은 우리가 전혀 알지 못하던 엉뚱한 사람을 통해서도 일하시지만, 대개는 가까이 있는 사람들을 통해 역사하십니다. 하다못해 안면이라도 있는 사람을 통해 하나님의 손길이 다가옵니다.

우리에게는 이런 저런 관계로 연결되어 있는 사람들이 있습니다. 그러한 관계들을 주목하고 소중하게 여겨야 합니다. 하나님은 나오미의 죽은 남편의 '친족'을 사용하십니다.

하나님은 성실한 사람을 사용하신다

"유력한 자가 있으니"

There was a man of great wealth.

보아스에 대한 소개는 두 가지가 언급됩니다. 하나는 엘리멜렉의 친족이요, 다른 하나는 '베들레헴에 유력한 사람'이란 것입니다. 여기서 '유력한'(a man of great wealth)이란 권세도 있고 부유하다는 뜻입니다. 보아스는 베들레헴에서 매우 높은 지위에 있었던 모양입니다. 보아스는 부유했을 뿐만 아니라 뭇 사람의 존경을 받는 사람이었습니다.

　보아스의 존재가 주목을 받는 일차적인 이유는 그의 삶 자체가 하나님 앞에서 성실했기 때문입니다. 나오미의 죽은 남편의 친족이 여러 명 있었을 텐데도 하나님은 특별히 보아스를 주목하십니다. 보아스를 통해서 나오미와 룻의 인생반전을 이루게 하십니다. 이는 보아스가 하나님의 쓰임을 받을만한 사람이었기 때문입니다. 하나님 앞과 사람들 앞에서 존귀함을 받은 사람이었기 때문입니다.

　하나님은 준비된 사람을 사용하십니다. 경우에 따라 훈련을 시키신 다음 사용하시기도 하지만, 대부분의 경우 준비되지 않은 사람은 사용하시지 않습니다. 아니 사용하실 수 없습니다.

　보아스도 자기가 나오미와 룻의 삶에 어떤 역할을 하게 될지 전혀 모르고 있습니다. 그저 자신의 삶의 영역에서 성실하게 살고 있었을 뿐입니다.

　보아스를 '베들레헴에서 유력한' 사람으로 소개한 것은 나오미나 룻의 처지와 극명한 대조를 이룹니다. 나오미는 모압에서 쫄딱 망해 돌아왔고 하루하루 겨우 연명하는 사람입니다. 게다가 이제는 이방 며느리 룻과 사는 처지에 있었기에 이웃 사람들의 눈에 곱게 보일 리 없었습니다.

　나오미와 보아스는 서로 만나 볼 그런 형편에 있지 않았습니다. 죽은 남편의 친족이긴 했어도 이제는 격차가 너무 크게 벌어졌던 것입니다.

　그러나 그렇게 만나기 어렵고 격차가 벌어진 사이임에도 결국 만나게 됩니다. 사람과 사람 사이에 놓여 있는 골과 간격이 메워집니다. 하나님이 간섭하시면 그런 반전의 역사가 일어납니다.

누구에게나 이삭줍기를 해야 할 때가 있다

　"모압 여인 룻이 나오미에게 이르되 원하건대 내가 밭으로 가서 내가 누구에게 은혜를 입으면 그를 따라서 이삭을 줍겠나이다 하니."

　Ruth the Moabite said to Naomi, "Please let me go to the fields and pick up the leftover grain behind anyone in whose eyes I find favor."

　룻이 드디어 나오미에게 이삭줍기를 가겠다고 말합니다. 이삭줍기를 하도록 허락해 달라는 룻의 말에는 다음과 같은 사정이 들어 있습니다.

　첫째, 먹고 사는 문제가 벽에 부딪힌 것입니다.

　나오미와 룻이 베들레헴에 온지 시간이 얼마나 지났는지 알 수 없지만, 그렇게 긴 시간은 아니었던 것 같습니다. 룻의 생각에 한 동안은 그런대로 살 수 있을지 모르지만, 그대로 있다가는 굶어 죽겠다는 생각이 들었던 것 같습니다.

이삭줍기가 유대 사회에서 어떤 의미인지는 룻도 알고 있었습니다. 경제력이 없는 가난한 사람들이 이삭줍기를 했지만, 룻은 자신의 체면이나 집안의 체면을 따지고 그대로 주저앉아 있을 수 없었던 것입니다. 유대 사회는 체면 문화입니다. 하지만 당장 먹을 것이 없어 굶어 죽게 된 마당에 체면이 무슨 소용이 있습니까?

룻도 이삭줍기를 거론하기까지 많은 생각을 했을 것입니다. 이삭줍기를 하겠다고 말해야 할지 말아야 할지 고민이 되었을 것입니다. 아무리 궁리를 해 보아도 살길이 보이지 않았던 것 같습니다. 인생의 가장 밑바닥까지 떨어진 것입니다.

둘째, 당시 사회가 매우 각박했음을 알려줍니다.

나오미의 직계 가족도 있었을 것입니다. 고아가 아닌 이상 친정 식구들이 있었을 것입니다. 그런데 나오미가 직계 가족에게 도움을 받았다는 암시가 전혀 없습니다. 도와주다가 힘에 부쳐 그만둔 것이 아닙니다. 베들레헴 귀환 초기부터 아무런 도움이 없었습니다. 과거 한국의 전통 사회처럼 출가외인이어서 그랬는지 모릅니다.

친정 식구들은 그렇다 해도, 시댁인 엘리멜렉의 식구들은 어떠합니까? 시댁 식구들의 도움도 전혀 언급이 없습니다. 그들은 나오미와 룻이 이런 비참한 처지에 빠져 허덕이고 있는데 아무런 도움도 주지 않았습니다. 엘리멜렉의 형제에 대한 언급도 없습니다. 룻기를 통해 얻는 정보는 두 명의 친족에 관한 것이 전부인데, 본문에 언급된 보아스와 나중에 기업 무를 자가 나옵니다.

이웃도 마찬가지입니다. 나오미가 베들레헴에 들어올 때 동네 여인들이 총집결했었습니다. 그렇다면 그 후 나오미의 생활이 어떤지 보았을 것입니다. 그런데도 이웃이 도움을 주었다는 말도 전혀 없습니다.

셋째, 나오미는 억장이 무너졌을 것입니다.

이런 막다른 골목에 이른 나오미의 심정은 참담하기 그지없었을 것입니다. 현실적으로 돌파구가 보이지 않고, 모든 사람이 등을 돌린 형세라 꼼짝할 수도 없습니다.

작금의 코로나 팬데믹 사태로 인한 전 세계 경제위기의 여파로 많은 기업이 도산하고 사람들이 직장을 잃고 자살이 급증했습니다. 나오미의 상황은 자살을 생각해 볼 수 있는 그런 상황이었습니다. 하나님을 바라고 베들레헴으로 귀환은 했는데 사방이 완전히 막혀버린 상황에 처하게 됩니다. 굶어 죽느냐 아니면 스스로 목숨을 끊느냐 하는 상황에 직면한 것 같습니다.

룻도 그런 나오미의 모습에 많은 생각을 했을 것입니다. 견딜 만큼 견뎠을 것입니다. 그러나 더 이상 견디지 못하고 이삭줍기라는 최후의 방안을 제안합니다.

이러한 관찰에 근거해 보면, 나오미는 베들레헴 귀환에 회의가 들기도 했을 것입니다. '어차피 이런 꼴로 살 것이라면 차라리 모압에 그냥 남을걸. 그랬으면 이런 수모는 당하지 않았을 터인데' 하는 회의가 몰려왔을지 모릅니다.

나오미와 룻이 삶의 막다른 골목에 들어선 것입니다. 더 이상 나빠질 수 없는 그런 상황입니다. 누구에게나 이런 상황이 올 수 있습니다. 어느 누구에게도 이삭줍기를 해야 할 그런 때가 올 수 있습니다. 내 힘과 능력으로 어쩔 수 없는 막막한 상황이 발생할 수 있습니다.

나오미와 룻은 인생의 가장 밑바닥까지 내려갑니다. 그런 그들이 바닥에서 올라올 수 있었다면 우리도 올라올 수 있습니다. 이것이 룻기의 메시지입니다.

목숨을 연명하기조차 어려운 상황에 몰렸다 하더라도 낙망하지 말아야 합니다. 하나님을 원망하지 않아야 합니다. 하나님의 역사는 기이합니다.

'우리의 극한 상황은 하나님의 기회이다'(Our extremity is God's opportunity.)라는 말이 있습니다. 말로 하기는 쉽지만 현장에서 체득하기는 지독히 어려운 그런 말입니다. 그러나 이 말을 우리 모두 기억할 필요가 있습니다. 누구에게나 이삭줍기를 해야 하는 순간이 찾아올 수 있기 때문입니다. 그리고 하나님의 간섭과 도우심으로 이삭줍기의 상황을 벗어날 수 있기 때문입니다.

최악의 상황에서도 예의를 지킨다

"나로 밭으로 가게 하소서"
Please let me go to the field.

룻이 나오미에게 하는 말을 주목해 보아야 합니다. 룻은 이 삭줍기를 해도 좋을지 나오미의 허락을 구합니다.

나오미는 체면도 자존심도 살고자 하는 의욕도 모두 약해진 상태에 있었습니다. 그런 무력한 나오미를 무시하지 않고 며느리 룻은 시어머니의 허락을 구합니다. 이러한 룻의 행동은 우리에게 중요한 사실을 가르쳐 줍니다. 최악의 상황에서도 지켜야 할 기본적인 예의를 지켜야 한다는 것입니다.

우리는 어려운 일이 생기면 서로 상대방을 탓하게 됩니다. 서로에게 책임을 전가하고 상대방을 비난하기 쉽습니다. 룻은 그렇게 어려운 상황에 들어간 것에 대해 시어머니를 탓하지 않았습니다. 시어머니에게 서운한 감정을 품지도 않았습니다. 신세타령도 하지 않았습니다. 어려운 처지에서도 자신이 지켜야 할 본분에서 벗어나지 않습니다.

할 수 있는 일을 찾아서 하라

"이삭을 줍겠나이다"

Please let me pick up the leftover grain.

이삭줍기를 제안하는 룻을 통해 '할 수 있는 일을 찾아서 한다'는 지혜도 얻습니다. 룻은 자신이 나서서 할 수 있는 일이 없겠는지 많은 궁리를 해 본 것 같습니다.

룻이 할 수 있는 일은 이삭줍기 밖에 없었던 것입니다. 그 일은 룻도 유쾌한 일이 아니었을 것입니다. 룻은 자존심을 내려놓았습니다. '죽으면 죽었지 내가 어떻게 그런 일을 해. 난 못해. 이삭줍기나 하려고 여기까지 온 게 아니야. 하나님은 어디서 뭐하고 계신데' 이렇게 생각하지 않았습니다. 이삭줍기는 죽기보다 더 싫은 일이었을 수 있지만 할 수 있는 일이 그것뿐이라 해보기로 작정한 것입니다.

현재 우리의 상황이 그렇게 답답한 처지가 아니라면 감사할 일입니다. 그러나 돌파구를 찾아야 하는 긴박한 상황이라면 주위를 둘러보시기 바랍니다. 주변에 우리가 할 수 있는 일은 분명히 있습니다.

경우에 따라서는 그 일이 우리의 자존심을 상하게 할 수도 있습니다. 그래서 '그런 일은 도저히 못해' 하는 생각이 올라올 수 있습니다. 그러나 우리는 하나님의 인도하심을 신뢰해야 합니다.

사도 바울은 빌립보서 4장 12절에서 자신은 풍부에 처해지는 법도 배웠고 가난에 처해지는 법도 배웠다고 했습니다. 그 말은 풍부하게 되는 것이나 가난하고 배고픈 상황에 들어가는 것이나 모두 하나님의 손에 달려 있음을 깨달았다는 뜻입니다. 나오미와 룻이 그런 상황에 처해진 것도 하나님이 그렇게 하신 것입니다.

하나님이 그런 상황에 두신 것이면, 자존심을 앞세울 일이 아닙니다. 우리를 낮추시고, 남들이 알지 못하는 세계로 인도하시는 하나님의 의도를 읽어야 합니다. 그리고 그 상황에서 할 수 있는 일을 찾아 행하는 태도를 가져야 합니다. 그럴 때 하나님의 계획과 만나게 됩니다. 낮아지기를 두려워하지 마십시오.

말씀을 살피면 지혜를 얻는다

"내가 누구에게 은혜를 입으면 그를 따라서 이삭을 줍겠나이다."

I will pick up the leftover grain behind anyone in whose eyes I find favor.

룻은 이스라엘의 관습과 하나님의 율법에 관해 잘 알고 있습니다. 룻의 말은 레위기 19장 9-10절과 신명기 24장 19-22절에 기록되어 있는 내용입니다.

율법에 따르면 추수하는 사람들은 밭의 모퉁이까지 다 거두지 말아야 합니다. 추수하다가 떨어진 이삭은 줍지 않도록 되어 있습니다. 그 이삭은 나그네와 고아와 가난한 자들과 과부들의 몫이었습니다. 이삭줍기는 그들이 연명할 수 있는 유일한 수단이었습니다.

룻이 이삭줍기에 대한 정보를 어디서 얻게 되었을까요? 본
문은 룻이 이 내용을 어느 채널을 통해 알게 되었는지 알려주지
않습니다. 룻이 모압에 있을 적에 율법을 배운 것 같습니다. 하
나님의 규례와 율법과 법도가 어떤 것인지 진작에 학습이 되어
있었다는 말입니다.

모압을 떠날 때 시어머니에게 '당신의 하나님이 나의 하나
님이 되실 것'이라는 고백을 했던 것에서 짐작할 수 있습니다.
즉, 룻은 모압에 있을 적에 여호와 신앙을 갖게 되었고, 율법 학
습을 했던 것으로 보입니다.

모압에 있을 적에 학습했던 율법이 베들레헴에 올라와 드디
어 효력을 발휘한 것입니다. 모압에서 학습했던 내용이 베들레
헴에 와서 도움이 되리라고는 전혀 상상하지 못했을 것입니다.
베들레헴에 올라와 막막한 상황에 빠져 돌파구를 찾다가 율법
의 내용이 불현 듯 마음에 떠오른 것으로 생각됩니다.

이렇게 이전에 학습했던 말씀이 부지불식간에 삶의 지혜로
적용되는 경우가 있습니다. 말씀을 통해 결정적인 순간에 삶의
지혜를 얻는 것입니다. 그래서 말씀 학습을 경시하지 말아야 합
니다.

마침 베들레헴이 추수하는 시기였던 것이 이삭줍기와 관련
된 율법을 기억나게 했는지 모릅니다. 하나님이 그 말씀을 기억
나도록 하셨을 것입니다.

룻이 가졌던 율법 이해는 매우 정확합니다.

"내가 누구에게 은혜를 입으면 그를 따라서 이삭을 줍겠나이다."

자기가 밭에 나가 무엇을 어떻게 해야 하는지, 이삭줍기가 어떤 정신으로 실천되는 것인지, 실제로 밭에서 어떻게 이삭줍기가 진행되는지 등의 내용을 숙지하고 있습니다. 이삭줍기는 추수하는 사람들이 하나님의 율법을 따라 가난하고 어려운 처지에 있는 사람들에게 '은혜'를 베푸는 것이었습니다. 우선은 하나님의 은혜요, 현실적으로는 추수하는 사람들이 베푸는 은혜입니다.

하나님의 손길을 느낀다

"나오미가 그에게 이르되 내 딸아 갈지어다 하매"
Naomi said to her, "Go ahead, my daughter."

룻의 제안을 들은 나오미가 대답을 합니다. "내 딸아 갈지어다." 나오미의 이 대답은 두 가지를 생각하게 합니다.
첫째, 대답의 간결함입니다.
룻이 제안한 내용은 사실 매우 충격적입니다. 유대 사회에서 이삭줍기가 상징하는 바가 크기 때문입니다. 그런데 나오미는 매우 간결하게 답변합니다.
나오미 자신도 이삭줍기를 심중에 고려하고 있었을지 모른다는 반증이 됩니다. 자신이 밭에 나갈 수는 없는 노릇이고, 며느리 룻에게 나가라고 강요할 수도 없는 일이라서 혼자 가슴앓이를 하고 있었는지 모릅니다. 그렇다면 룻의 제안에 나오미는 자신의 생각을 들킨 사람처럼 속으로 깜짝 놀랐을 수 있습니다.

이렇게 자신의 생각이 들킨 것과 같은 경험을 하게 되면 하나님 생각을 하지 않을 수 없습니다. 나오미는 하나님의 간섭을 느꼈을 것입니다. 나오미는 이미 하나님을 체험한 사람입니다. 하나님을 향해 방향전환을 결행한 사람입니다. 나오미는 룻이 이삭줍기를 말할 때 하나님이 자기 삶에 간섭하시는 사인(sign)으로 느꼈을 것입니다. 그래서 룻의 제안에 쉽게 답변한 것이 아닌가 합니다. 체념과 낙심으로 '될 대로 되라'는 식으로 동의한 것이 아닙니다.

둘째, 나오미가 룻을 '내 딸아'로 부르는 것입니다.

나오미와 룻의 관계가 여전히 친밀한 관계에 있음을 보여줍니다. 나오미가 기분이 상했거나 모욕적으로 느꼈더라면 그렇게 부드러운 칭호로 부르지 않았을 것입니다. '이 아이가 우리 집안을 무시하는 것 아닌가. 가문의 명예에 먹칠을 해도 유분수지. 도저히 참을 수 없는 일이다.' 이렇게 생각했더라면 "내 딸아" 하고 부르지 않았을 것입니다.

나오미는 이삭줍기를 제안하는 룻의 마음을 알아차린 것 같습니다. 본문은 그 두 사람이 한 지붕 밑에서 어떻게 살았는지 자세히 기록하고 있지 않지만, 나오미와 룻은 서로 감정의 교류가 긴밀했던 것으로 짐작됩니다. 룻이 이삭줍기를 허락해 달라고 한 것이나, 나오미가 룻을 그런 칭호로 부르는 것이나, 두 사람 사이에 어떤 끈끈한 정서상의 교류가 있었음을 알려줍니다. 서로 존중하고 섬기고 염려하는 마음의 교류입니다.

시어머니를 위해 자기의 체면을 돌보지 않는 며느리의 애절한 마음을 나오미도 눈치를 챘을 것입니다. 그래서 그들 사이에는 어머니와 딸의 관계가 손상되지 않고 살아 있었던 것입니다.

하나님이 배후에서 일하신다

"룻이 가서 베는 자를 따라 밭에서 이삭을 줍는데 우연히 엘리멜렉의 친족 보아스에게 속한 밭에 이르렀더라."

So she went out, entered a field and began to glean behind the harvesters. As it turned out, she was working in a field belonging to Boaz, who was from the clan of Elimelek.

드디어 룻이 밭에 나가 이삭을 줍습니다. 그러다가 '우연히' 엘리멜렉의 친족인 보아스의 밭에 이르게 됩니다.

한 사람의 밭에서만 이삭을 주웠던 것이 아니고, 여러 사람의 밭에서 이삭을 줍는 것입니다. 한 밭에서 이삭줍기를 마치고 나면 다음 밭으로 옮기는데 그것이 우연히 보아스의 밭이었다고 합니다.

여기에 '우연히'라는 단어는 그곳이 보아스의 밭인지 모르고 갔다는 뜻입니다. 어느 밭이 누구의 소유인지 룻이 알 턱이 없습니다. 룻에게는 우연히 되어진 일이지만, 우리는 배후에서 하나님이 움직이시고 계심을 감지하게 됩니다. 그 다음 구절에는 보아스가 우연히 자기 밭에 오는 장면이 나옵니다.

아직 아무도 앞으로 무슨 일이 어떻게 전개될지 모르고 있습니다. 그러나 룻과 나오미의 삶에 뭔가 돌파구가 마련될 것 같다는 암시가 '우연히'라는 단어 속에서 발견됩니다. 도저히 빠져나올 수 없을 것 같던 삶의 질곡에 가느다란 한 줄기 빛이 비추기 시작합니다.

룻이 움직이자 하나님이 동시에 움직이십니다. 아마 룻을 움직이도록 만드시고 하나님이 움직이신 것이라고 말하는 것이 더 정확할 것입니다.

역경과 고난 속에서 할 수 있는 일에 낮아진 마음으로 최선을 다할 때, 우리를 위해 일하시는 하나님을 만나게 됩니다. 이러한 은혜가 우리 모두에게 임하시기를 바랍니다.

하나님과 사람의 마음을
감동시킨 이삭줍기

룻 2:4-7

⁴ 마침 보아스가 베들레헴에서부터 와서 베는 자들에게 이르되 여호와 께서 너희와 함께 하시기를 원하노라 하니 그들이 대답하되 여호와께서 당신에게 복 주시기를 원하나이다 하니라 ⁵ 보아스가 베는 자들을 거느 린 사환에게 이르되 이는 누구의 소녀냐 하니 ⁶ 베는 자를 거느린 사환 이 대답하여 이르되 이는 나오미와 함께 모압 지방에서 돌아온 모압 소 녀인데 ⁷ 그의 말이 나로 베는 자를 따라 단 사이에서 이삭을 줍게 하소 서 하였고 아침부터 와서는 잠시 집에서 쉰 외에 지금까지 계속하는 중 이니이다.

스스로 얻기보다 하나님께 맡겨라

"마침 보아스가 베들레헴에서부터 와서"
Just then Boaz arrived from Bethlehem.

룻이 이삭줍기를 하는 중 우연히 보아스의 밭에 이르게 됩니다. 그런데 마침 그 시간에 보아스가 그 장소에 도착합니다.

여기에서 두 가지를 생각하게 됩니다. 첫째는 룻이 보아스의 밭이 아닌 다른 사람의 밭으로 갔을 수 있습니다. 만약 그랬다면 룻과 보아스의 만남은 이루어지지 못했을 것입니다.

둘째는 보아스가 밭에 나올 생각을 하지 않았을 수 있습니다. "베들레헴에서부터 와서"라는 표현은 보아스가 밭에 나오려면 일정을 잡아야 한다는 의미가 들어있습니다. 즉 베들레헴과 밭 사이에 거리가 있다는 말입니다. 특별히 '밭에 한 번 다녀 와야겠다'는 마음이 올라오지 않고서는 나오기 쉽지 않다는 것입니다.

이러한 변수들을 고려할 때, 우연처럼 보이는 만남이 이루어지는 것이 기적이 아닐 수 없습니다.

우리는 이러한 장면을 통해서도 하나님의 간섭을 감지합니다. 보아스는 자기 생각으로 움직인 것이지만, 하나님이 보아스의 마음에 생각을 일으키신 것입니다. 하나님이 생각을 넣어주시고 움직이신 것입니다.

'베들레헴에서부터'라는 말은 보아스가 베들레헴에 있을 때 하나님이 그 생각을 넣으셨다는 말입니다. 정확한 시간대를 비교해 보는 일은 쉽지 않습니다. 아마도 보아스가 베들레헴에서 밭에 나올 생각을 했던 시점은 아마 룻이 시어머니와 이삭줍기에 대한 대화를 하던 바로 그 시점이 아니었을까, 아니면 룻이 이삭줍기를 하러 집을 나서던 그 시점이 아니었을까 생각합니다.

사전에 보아스의 일정을 확인하고 밭에 도착하는 순간을 기다렸다가 우연히 만나게 된 것처럼 등장한 것이 아닙니다. 우연인 것 같지만 사실은 치밀한 계획에 따라 만나게 하신 것입니다.

하나님이 사람을 움직이시면 우리가 억지로 사람의 마음을 얻거나 돌리려고 하기 보다 하나님께 부탁을 드리는 것이 영적인 방안입니다.

바울이 좋은 예입니다. "내가 주 안에서 크게 기뻐함은 너희가 나를 생각하던 것이 이제 다시 싹이 남이니"(빌 4:10). 바울은 여기에서 두 가지를 언급합니다. 빌립보 교회 성도들이 바울의 선교 사역을 재정적으로 지원해야겠다는 생각이 났다는 것과 그 일로 인해 하나님께 감사한다는 것입니다.

이 두 내용은 서로 연관이 있습니다. 주님이 그런 생각을 빌립보 교회 성도들 안에 일으키셨다는 말이고, 그래서 주 안에서 감사를 드리는 것입니다. 바울은 그러한 차원을 알고 이 땅을 사셨던 분입니다.

인간관계는 우리의 노력과 지혜만 갖고 되지 않는 경우가 허다합니다. 특히 자녀문제가 그렇습니다. 예를 들어, 부모의 기대와 달리 자녀들이 공부에 전혀 관심을 보이지 않는 경우가 있습니다. 그런 자녀를 바라보는 부모의 심정은 답답하고 안타까울 것입니다. 충고를 해도 잔소리로 듣기 십상입니다. 부모의 마음대로 되지 않습니다.

자녀문제는 기도가 최선입니다. 하나님이 자녀들의 마음을 돌려주시고 생각을 일으켜 주시도록 인내를 갖고 기도해야 합니다. 하나님이 움직이시면 자녀들의 마음도 움직이게 됩니다.

하나님께 맡기는 실제 훈련을 시키시기 위해 우리에게 이런저런 상황에 직면하게 하시는 것입니다. 모든 상황이 하나님을 체험할 수 있는 은혜의 장(場)이 될 것입니다.

서로 복 빌어주는 관계를 이루라

"베는 자들에게 이르되 여호와께서 너희와 함께 하시기를 원하노라 하니 그들이 대답하되 여호와께서 당신에게 복 주시기를 원하나이다 하니라"

Boaz greeted the harvesters, "The Lord be with you!" "The Lord bless you!" they answered.

보아스가 밭에 도착합니다. 그리고 일꾼들에게 복을 빌어주는 인사말을 합니다. 일꾼들도 보아스에게 복을 비는 인사로 답

례합니다.

이것을 당시 통상적인 인사로 설명하기도 합니다. 설령 그렇다 할지라도 여호와의 이름을 언급하고 있기 때문에 그 말에 무게가 실립니다. 고대 이스라엘 사회에서 '여호와'의 이름을 상투적으로 불렀을 가능성은 희박하기 때문입니다.

보아스는 자기 일꾼들을 진지하게 대합니다. 그들에게 여호와께서 함께 하시기를 기원하고 여호와의 복을 빌어줍니다.

그 의미는 무엇입니까? 주인으로서 일꾼들의 복지를 보살피는 그의 마음을 엿보게 합니다. 일꾼들도 하나님의 복을 누릴 자격이 있음을 인정하는 것입니다. 밭에서 일하는 일꾼들도 잘되면 좋겠다는 마음이 담겨 있습니다.

보아스의 인사말에 대한 일꾼들의 답변도 좋습니다. 보아스에게 여호와의 복이 임하기를 기원합니다. 당시 현장에서 보아스와 일꾼들 사이에 어떤 표정과 말투로 인사를 주고 받았을까 궁금합니다. 매우 상냥하고 은혜로운 분위기였을 것으로 짐작합니다.

우리는 많은 사람과 관계를 맺고 살고 있습니다. 서로가 잘되기를 바라는 마음을 갖기 쉽지 않습니다. '사촌이 땅을 사면 배가 아프다'는 말이 있듯이, 형통하고 번창하는 사람과 함께 기뻐해 주기 쉽지 않습니다. 내 자신이 어려운 형편에 처해 있을 때에는 더욱 그렇습니다.

그것은 영적인 자세가 아닙니다. 나의 삶이나 남의 삶이나 하나님께서 주관하고 계심을 인정한다면, 누구에게나 하나님의 복이 임하기를 바라는 마음을 소유해야 합니다. 또한 복이 임할 때 진정으로 함께 즐거워해야 합니다. 이것이 말씀의 세계, 신앙의 세계를 아는 사람의 모습입니다. 그런 마음에 하나님의 복이 임할 것입니다.

자기 일에 집중할 때 이루어진다

"보아스가 베는 자들을 거느린 사환에게 이르되 이는 누구의 소녀냐 하니"

Boaz asked the overseer of his harvesters, "Who does that young woman belong to?"

일꾼들과 인사를 마치자마자 보아스가 이삭 줍는 소녀에 관해 묻습니다. 현장에 다른 여인들은 없었거나 보아스가 일꾼들과 인사를 주고받던 그 순간에도 혼자서 열심히 이삭을 줍는 모습이 눈에 띄었던 것 같습니다.

롯은 보아스가 누군지 몰랐습니다. 롯은 일꾼들이 보아스를 맞이하는 모습을 보면서 '밭주인이 왔나보구나' 생각은 했을 것입니다. 자신과는 상관없는 일이니까 신경쓰지 않고 이삭줍기를 계속합니다.

보아스가 롯에게 말을 건 것은 아닙니다. 사환에게 묻습니다. "누구의 소녀냐"는 표현은 '누구에게 속한 소녀인가?' 혹은

'누구의 집 소녀(하녀)인가?' 하는 뜻입니다. 보아스는 룻의 정체를 확인하는 것입니다. 처음 본 소녀였기 때문이었을 것입니다.

보아스와 룻이 처음 마주치는 장면입니다. 계획된 만남이 전혀 아니었습니다. 보아스와 룻은 각자 자기 일에 열중하다가 동선이 겹쳐져 만나게 된 것이었습니다.

우리 사회는 인맥형성에 관심이 많습니다. 사람들을 만나 안면을 넓히는 것입니다. 많은 사람을 알고 지내는 사람을 '마당발'이라고 부릅니다. 마당발이 되어 나쁠 것은 없겠지만, 그렇다고 마당발이 늘 좋은 것만은 아닙니다. 왜냐하면 내 일에 집중하는 것이 우선이고, 그 과정에서 자연스럽게 만남과 관계가 확장되는 것이 더 바람직하기 때문입니다.

이해관계에 따라 만나는 경우도 있을 것입니다. 일에 열중하다가 자연스럽게 만나지는 경우도 있습니다.

필자가 집필한 책을 읽었거나 설교를 들은 사람들이 종종 연락도 주고 만나러 찾아오는 경우가 있습니다. 전혀 모르던 사람이 연락해 오는 경우도 간혹 있습니다. 그래서 전혀 몰랐던 사람, 만날 계획이 없었던 사람들과 만남과 교제가 이루어집니다. 이처럼 내 영역에서 내가 할 수 있는 일 혹은 내가 해야 하는 일에 열중하고 있을 때 만남이 이루어집니다.

사소한 일에 사람들을 감동시켜라

"베는 자를 거느린 사환이 대답하여 이르되 이는 나오미와 함께 모압 지방에서 돌아온 모압 소녀인데 그의 말이 나로 베는 자를 따라 단 사이에서 이삭을 줍게 하소서 하였고 아침부터 와서는 잠시 집에서 쉰 외에 지금까지 계속하는 중이니이다"

The overseer replied, "She is the Moabite who came back from Moab with Naomi. She said, 'Please let me glean and gather among the sheaves behind the harvesters.' She came into the field and has remained here from morning till now, except for a short rest in the shelter."

사환이 '나오미와 함께 모압 지방에서 돌아온 모압 소녀'라고 설명합니다. 보아스의 일꾼들은 그녀가 누구인지 이미 알고 있었습니다.

룻에 대해 사람들이 뭐라고 말하는지 알 수 있을 것 같습니다. 베는 자를 거느린 사환은 룻을 나오미의 며느리라고 소개하지 않습니다. '모압 지방에서 돌아온 모압 소녀'로 모압을 두 번이나 강조합니다. 즉 베들레헴 사람들은 룻을 이방인으로 생각했던 것입니다. 베들레헴 사람들의 시선이 호의적이지 않다는 것을 알 수 있습니다.

그런데 사환은 보아스가 질문하지 않은 내용까지 덧붙여 말합니다. 자기에게 이삭줍기를 부탁했다는 것과 아침부터 와서 한 번 잠시 쉰 이외에는 계속 이삭줍기를 하고 있다는 것입니다.

히브리어 원문 해석에 의견이 분분합니다. 사환의 말을 히브리어로 읽으면 무슨 뜻인지 이해가 어렵습니다. 어법에 맞지 않습니다. 본문 번역은 전후 문맥에 비추어 적절하게 해석한 것입니다.

문법에 맞지 않고 해독이 어려운 말을 했던 이유는 당황했기 때문이 아니었을까 생각합니다. 아마 앞부분은 '누가 허락했어?'라는 질문에 대한 해명인 것 같고, 뒷부분은 룻의 행동을 칭찬하려는 의도가 있는 것으로 보입니다.

이른 아침에 룻이 사환을 찾아와 "나로 베는 자를 따라 단 사이에서 이삭을 줍게 하소서"라고 은혜를 구하였고, 사환이 허락해 준 것입니다. 룻은 자기의 신분에 대해 간단하게나마 소개했을 것입니다.

사환의 당황한 기색을 보면, 이삭줍기를 허락하는 것이 사환이 결정할 사항이 아니었던 것 같습니다. 15절에서 보아스가 룻에게 이삭줍기를 다시 허락하는 것을 보면 그런 가능성이 있습니다. 주인의 권한을 행사한 것이면 사환이 몹시 당황할 수밖에 없었을 것입니다. 하필 그날따라 주인이 밭에 나올 것이라고는 예측하지 못했던 것 같습니다. 보아스가 예정에 없던 방문을 한 것 같습니다.

이런 유추가 맞다면 보아스가 '저 소녀가 누구냐'라고 물었을 때 사환이 엄청 당황했을 겁니다. 제대로 말도 못했을 것 같습니다. 사환은 전후 사정을 설명해 드려야겠다고 생각했던 것 같습니다. 룻이 간곡하게 이삭줍기를 부탁했고 자기는 레위기 규정에 따라 허락 했다는 변명 아닌 변명을 한 것입니다.

그 다음 설명은 조금 성격이 다릅니다. 룻의 행실을 칭찬한 것입니다. 이삭줍기는 허리를 굽혀서 해야 하기 때문에 매우 힘든 노동입니다. 휴식이 자주 필요합니다. 그런데 단 한 번만 쉬고 계속 이삭을 줍고 있다는 것입니다.

요즘 식으로 말하면 엄청 근면 성실하게 이삭줍기를 했다는 것입니다. 룻을 주목해 보았고 성실함에 감탄했던 것입니다.

룻은 자신의 신세를 한탄하는 기미를 전혀 보이지 않았습니다. 이삭줍기를 조금 하다가 하늘을 쳐다보며 한숨을 짓거나, 눈물을 훔치거나, 정신 나간 사람처럼 멍하니 서 있는 모습을 전혀 보이지 않았습니다. 그런 모습이 조금이라도 보였다면 사환이 그렇게 말하지 않았을 것입니다.

어쨌든 사환은 보고할 필요가 없는 내용까지 보고합니다. 사환이 당황해서 하지 않아도 되는 내용까지 말한 것 같습니다. 중요한 사실은 룻이 이삭줍기를 하는 모습이 사환과 다른 일꾼들에게 감동을 주었다는 것입니다. 엉겁결에 보아스의 귀에 들린 것입니다.

보고를 받은 보아스가 결정을 내립니다. 이삭줍기를 허락할 권한이 주인에게 있기 때문입니다. 룻이 이삭줍기하는 모습이 사람들에게 감동을 주었고, 그것이 보아스의 마음을 움직이는 요인으로 작용합니다. 사소한 일에 최선을 다하면 주위 사람들이 감동합니다.

　이삭줍기라는 구차한 노동, 자존심과 체면을 모두 내려놓지 않으면 할 수 없는 노동이었지만 룻은 최선을 다합니다. 이러한 마음자세가 사람들을 감동시키고, 하나님을 움직이게 합니다.

신앙으로 극복하는
당당한 삶

룻 2:8-10

8 보아스가 룻에게 이르되 내 딸아 들으라 이삭을 주우러 다른 밭으로 가지 말며 여기서 떠나지 말고 나의 소녀들과 함께 있으라 9 그들이 베는 밭을 보고 그들을 따르라 내가 그 소년들에게 명령하여 너를 건드리지 말라 하였느니라 목이 마르거든 그릇에 가서 소년들이 길어 온 것을 마실지니라 하는지라 10 룻이 엎드려 얼굴을 땅에 대고 절하며 그에게 이르되 나는 이방 여인이거늘 당신이 어찌하여 내게 은혜를 베푸시며 나를 돌보시나이까 하니.

지혜롭게 도우라

"보아스가 룻에게 이르되"

So Boaz said to Ruth.

보아스가 룻을 부릅니다. 다른 밭에 가지 말고 자기 밭에서 이삭줍기를 하라고 권합니다. 보아스가 친절과 호의를 보이는 이유가 무엇일까요?

보아스는 룻에 대한 소식을 들었던 것입니다. 사환이 알 정도였으면 베들레헴 모든 사람이 알았던 것이고 보아스가 모를 리 없었을 것입니다. 룻이 나오미의 며느리라는 사실도 알고 있었습니다. 나오미는 자기의 친척입니다. 그런데 이 장면에서 보아스는 룻을 이삭줍는 여인으로 대하고 있습니다.

보아스의 행동이 아주 냉정해 보입니다. '친척인줄 알면서 어떻게 이삭줍기를 계속 하라고 말하냐? 인간성이 좋지 않네.' 이런 말을 들을 정도입니다.

여기서 보아스의 지혜를 엿보게 됩니다. 룻이 쓸데없는 기대를 갖지 않게 합니다. '자네는 내 친족의 일원일세. 이삭줍기가 왠 말인가. 형편이 이 정도로 어려운줄 내 미처 몰랐네. 지금까지는 자네 형편을 몰라서 도와주지 못했지만, 앞으로는 걱정 말게. 내가 도와주겠네. 이삭줍기는 그만하고 이리로 와서 쉬게나.' 이런 정도의 말을 해야 하지 않을까 싶은데, 보아스는 그렇게 하지 않습니다. 룻의 기대심리를 자극하지 않습니다. 매우 지혜로운 처신이 아닐 수 없습니다.

사람을 돕는 것도 지혜가 필요합니다. 당사자의 입장도 고려해야 하고 자존심도 상하지 않도록 해야 합니다. 관련된 사람들을 두루 평안하도록 해야 합니다. 무조건 도와주는 것이 진정한 도움이 되지 않을 수 있습니다.

강권적인 보호가 임한다

"내 딸아 들으라 이삭을 주우러 다른 밭으로 가지 말며 여기서 떠나지 말고 나의 소녀들과 함께 있으라."

My daughter, listen to me. Don't go and glean in another field and don't go away from here. Stay here with the women who work for me.

보아스가 한 말이 특이합니다. "다른 밭으로 가지 말라." "여기서 떠나지 말라." 같은 내용을 두 번 반복합니다. 이것은 자기 밭을 절대로 벗어나지 말라는 말입니다. 단순히 이삭줍기를 허락해 주는 차원이 아닙니다.

보아스의 말에서 당시 이삭줍기 문화에 대해 두 가지를 확인하게 됩니다.

첫째는 줍는 이삭의 양이 많지 않았습니다. 사환은 룻이 아침 일찍부터 밭에 나와 잠시 쉰 이외에는 열심히 이삭줍기를 했다고 보고 했습니다. '그래? 그러면 꽤 많이 주웠겠는걸!' 보아스는 이렇게 반응하지 않았습니다. 보아스는 룻에게 이삭을 얼마큼 주웠는지도 묻지 않았습니다. 아침 일찍부터 주웠으면 상당히 많은 양이어야 하지 않을까요? 그렇지 못했던 모양입니다.

둘째는 이삭줍기하는 여인들의 안전문제가 있었습니다. 보아스가 "나의 소녀들과 함께 있으라"고 말합니다. '가까이 붙어 있으라'는 뜻입니다. 그리고 9절에는 '너를 건드리지 말라고 했다'고 말합니다.

이삭줍기하러 나온 여인들을 건드리는 일이 흔히 일어났던 모양입니다. 더군다나 룻은 유대 민족이 멸시하는 이방 여인이었고, 그녀를 보호하는 남자도 없는 처지였기에 쉽게 겁탈을 당할 수 있었을 것입니다.

보아스는 그런 룻의 안전을 생각하고 필요한 조처를 미리 해 둡니다. 보아스는 룻에게 마치 후견인이요 보호자처럼 행동을 했습니다. 룻은 전혀 예상치 못했던 일입니다. 룻은 이삭 줍는 작은 일에 신실했습니다. 룻의 신실함이 보아스의 보호를 얻는 동기가 된 것입니다.

우리도 마찬가지입니다. 우리가 처한 환경에서 무조건 신실해야 합니다. 특히 역경에 처했을 때 우리에게 절호의 기회가 됩니다. 역경에 처했을 때 신앙인의 자세를 잃지 않아야 합니다. 남들이 보건 말건 상관하지 말고 신실해야 합니다.

그러면 하나님의 보호하심이 우리에게 임하게 됩니다. 하나님이 사람들을 움직여 전혀 예상치 못했던 일들이 일어나게 하십니다. 우리가 미처 준비하지 못했고 깨닫지 못했던 문제들도 기이한 방법으로 해결해 주십니다.

우리의 행위는 보답된다

"나의 소녀들과 함께 있으라."
Stay here with the women who work for me.

하나님은 우리가 생각하고 행동한 대로 갚아 주십니다. 보아스가 말한 '함께 있으라'는 히브리어 동사는 룻이 1장 14절에서 나오미에게 말했던 바로 그 단어입니다.

룻은 나오미를 떠나지 않고 그녀와 '함께 있겠다'고 말했습니다. 죽는 한이 있어도 나오미와 함께 있고 동행하겠다는 의지를 피력했고, 실제 그렇게 했습니다. 나오미를 향한 룻의 애틋한 감정이 있었고, 시어머니를 보호하고 돌보아 드리겠다는 신실한 마음이 담겨 있었습니다.

룻은 그 단어를 보아스에게서 듣습니다. 보아스는 그런 사실을 몰랐을 것입니다. 룻도 속으로 놀랐을지 모릅니다. 자기가 사용했던 단어를 보아스를 통해 들었기 때문입니다.

룻은 그것을 일종의 징표로 들었을 수 있습니다. '네가 시어머니를 떠나지 않고 함께 있었음을 내가 안다. 그러니 이제 네게 필요한 보호를 제공해주마' 이런 음성으로 들렸을 것 같습니다.

우리도 이런 일을 종종 경험합니다. 내 속에 있는 생각을 다른 사람의 입을 통해 듣습니다. 얼마 전에 내가 했던 말을 다른 사람이 똑같이 말하는 것을 듣는 경우도 있습니다. 그럴 때 신비한 느낌을 받습니다. 하나님이 보고 계시고 간섭하신다는 생각을 하게 됩니다.

하나님은 우리의 생각과 행동을 모두 보고 듣고 계십니다. 그리고 보이지 않는 삶의 배후에서 역사하고 계십니다.

하나님은 룻의 선한 마음과 행동을 모두 알고 계십니다. 룻이 시어머니에게 그랬던 것처럼, 이제는 보아스가 룻에게 도움과 보호를 제공하도록 하십니다. 룻은 살아계신 하나님의 간섭을 느꼈을 것입니다. 우리의 삶에도 이런 체험이 있기를 바랍니다.

기대 이상의 은혜가 임한다

"그들이 베는 밭을 보고 그들을 따르라."

Watch the field where the men are harvesting, and follow along after the women.

여기의 첫 번째 '그들'은 남성 복수요, 두 번째 '그들'은 여성 복수입니다. 처음은 추수하러 나온 모든 남녀 일꾼들을 가리키는 것이고, 두 번째는 보아스가 앞서 언급했던 '나의 소녀들'을 가리킵니다. 룻은 이제 홀로 이삭줍기를 하지 않고 추수하는 일꾼들의 대열에 끼어 이삭을 줍도록 허락을 받았습니다.

이삭줍기 하는 사람은 추수하는 일꾼들과 거리를 두었습니다. 즉, 추수 일꾼들이 베고 소녀들이 그것을 단으로 묶는 작업을 마치면, 그 뒤에서 멀리 떨어져 따라가며 이삭을 주워야 했습니다.

룻이 곡식의 단을 묶는 소녀들과 바짝 붙어서 이삭줍기를 하면 그 양상이 달라집니다. 추수 일꾼들이 베어 놓은 것을 직접 주울 수 있습니다. 곡식 단을 묶는 소녀들이 룻에게 곡식을 건네줄 수도 있습니다. 소녀들은 추수 일꾼으로서 곡식 단을 묶었지만, 룻은 자기를 위해 곡식 단을 묶었을 것입니다. 이삭을 줍는 양도 크게 늘었을 것입니다.

룻이 아침에 집을 나설 때에는 '이삭줍기를 허락해 주기만 해도 고맙겠다'는 심정이었을 것입니다. '혹시 이삭줍기를 못하게 하면 어떡하지' 하는 걱정도 했을 것입니다.

이제 상황이 달라졌습니다. 추수 일꾼들 틈에 끼어 곡식을 줍고 있습니다. 룻이 전혀 기대하지 않았던 일이 일어난 것입니다. 기대한 것 보다 훨씬 넘치는 은혜가 임할 수 있습니다.

우리 앞에 놓인 위험이 제거된다

"내가 그 소년들에게 명령하여 너를 건드리지 말라 하였느니라."

I have told the men not to lay a hand on you.

룻은 일꾼들이 자기를 건드릴 수 있다는 것까지는 미처 생각하지 못했을 것입니다. 여기의 '건드리다'는 '만지다' '상처를 입히다' '귀찮게 하다' '못살게 굴다' 혹은 '희롱하다'는 뜻입니다. 당시 이삭을 줍는 여인들을 만지고 상처주고 못살게 굴고 겁탈하는 일이 비근하게 있었던 모양입니다.

룻이 그런 분위기를 알 리 없습니다. 밭에서 어떤 일들이 일어나는지 몰랐습니다. '무식하면 용감하다'고 하는데, 룻이 잘 몰랐기 때문에 이삭줍기를 나간 것입니다. 보아스는 밭에서 일어나는 일을 잘 알고 있었습니다. 그래서 위험을 미리 제거합니다. 보아스가 룻의 후견인처럼 말합니다.

보아스의 말을 들었을 때 룻은 속으로 놀랐을 것입니다. '이삭줍기가 만만한 일이 아니구나. 하마터면 봉변을 당할 뻔 했네' 이런 생각을 했을 수 있습니다.

우리의 인생길에도 예기치 못한 위험이 도사리고 있습니다. 하나님이 우리의 후견자 되시고, 위험 요소들을 미리 제거해 주시지 않으면 봉변을 당할 수밖에 없습니다. 이런 사실을 종종 망각하고 살지만, 성도들에게 이러한 하나님의 은혜가 계속 임하고 있음을 알아야 합니다.

남이 수고한 결과를 누린다

"목이 마르거든 그릇에 가서 소년들이 길어 온 것을 마실지니라 하는지라."

And whenever you are thirsty, go and get a drink from the water jars the men have filled.

룻은 남이 수고한 덕을 톡톡히 봅니다. 보아스가 조치를 취합니다. 마실 물을 마음껏 마시라고 합니다. 이삭을 줍느라 몹시 목이 말랐어도 그녀에게 물을 주는 사람은 없었습니다. 보아스의 자상한 마음이 엿보입니다. 그는 룻에게 가장 요긴한 것이 무엇일지 알고 챙겨 주었습니다.

중동 지역의 낮 기온은 대단히 뜨겁습니다. 추수도 힘들지만, 이삭줍기는 더 힘든 일이었습니다. 작열하는 태양 아래 길어온 물은 단지에 담아 보관했습니다.

고대 사회에는 물은 여인들이 길었습니다. 그런데 소년들이 물을 길어왔다는 말은 물 긷는 장소가 꽤 멀리 떨어져 있었던 것입니다. 소년들이 수고하여 길어 온 물을 룻에게 마음대로 마시라고 합니다.

룻이 남이 수고한 결과를 누립니다. 룻은 속으로 '내가 이런 대접을 받아도 되나' '내게 왜 이렇게 잘 해주는 거지?' 하는 생각이 들었을지 모릅니다.

우리에게도 동일한 체험과 고백이 있습니다. 내가 수고하지 않은 것을 누리게 해 주십니다. 다른 사람들이 수고한 결과를 누리게 해 주십니다.

작은 은혜에 감사하라

"룻이 엎드려 얼굴을 땅에 대고 절하며 그에게 이르되 나는 이방 여인이거늘 당신이 어찌하여 내게 은혜를 베푸시며 나를 돌보시나이까 하니."

At this, she bowed down with her face to the ground. She asked him, "Why have I found such favor in your eyes that you notice me – a foreigner?"

룻은 보아스의 배려에 감격하고 감사를 표합니다. 그녀에게 베풀어준 호의는 사실 그다지 큰 것은 아닙니다. 평소 이삭줍기를 위해 곡식을 떨어트린 것보다 약간 더 많은 양을 떨어트려 준 것에 불과합니다. 온 종일 주운 이삭의 양이래야 대개 4-5일 정도 식량을 해결할 분량밖에 되지 않습니다. 게다가 그 곡식도 힘들이지 않고 받은 것이 아닙니다. 밭에 떨어진 것을 허리를 구부려 힘겹게 거두어 모은 것입니다.

룻은 형식적인 감사를 표현해도 충분했을 것입니다. 그런데 룻은 보아스에게 진정으로 감사를 표합니다. '땅에 엎드려 절하며' 감사합니다. 그 날 베풀어 준 조그마한 은혜에 감격하고 감사하는 것입니다. 룻이 보인 자세는 신에게 경배할 때, 혹은 왕을 영접할 때 취하는 자세입니다. 룻은 보아스의 호의에 진심으로 경의를 표현하였습니다.

그리고 질문을 합니다. "나는 이방 여인이거늘 당신이 어찌하여 내게 은혜를 베푸시며 나를 돌보시나이까." 룻의 질문은 두 측면에서 이해할 수 있습니다. 첫째는 감사의 마음을 달리 표현한 것입니다. 이 경우 보아스의 답변을 기대하는 것은 아닙니다. 둘째는 호의를 베풀어 준 의도를 진지하게 묻는 것입니다. '혹시 내게 뭔가 대가를 바라고 저러나' 싶은 생각을 할 수 있습니다.

룻의 질문은 첫 번째 수사적인 차원이 맞는 것 같습니다. '은혜를 베풀고 돌아보아 주는' 보아스에게 감사함을 표현한 것입니다.

감사는 우리 영혼을 윤택하게 합니다. 신앙생활도 마찬가지입니다. 어려운 상황에서도 자그마하게나마 감사할 일이 있게 마련입니다. 그런 때 '감사하긴 한데, 그것 가지고 어림도 없어. 앞으로 살아갈 근본 대책이 아니야. 막막하기는 마찬가지야' 하는 식으로 반응하지 말아야 합니다.

아무리 작은 일에도 호의를 베푼 사람에게 감사하고 또한 하나님께 감사할 수 있어야 합니다. 우리의 온 마음으로 감사할 수 있어야 합니다. 감사하는 사람에게 더 감사할 일을 베풀어 주십니다.

감사가 감사를 낳습니다. 감사가 기적을 가져옵니다. 그래서 바울은 "항상 기뻐하라 범사에 감사하라"고 권면합니다. 우리의 입술과 마음으로 하나님께 감사할 때 하나님이 우리에게 형통의 은혜를 허락하십니다.

신앙으로 열등의식을 극복한다

"나는 이방 여인이거늘"
I am a foreigner.

룻은 자신을 '이방 여인'이라고 언급합니다. '이방 여인인 내게 어찌 은혜와 돌보심을 베푸십니까' 하는 말입니다.

룻은 유대인 말론의 아내였습니다. 말론과 합법적으로 결혼한 사이입니다. 지금은 유대인 시어머니와 함께 살고 있습니다. '어머니의 백성이 내 백성이 될 것입니다' 하는 각오와 기대를 갖고 베들레헴에 온 사람입니다. 룻이 자기 신분을 잘 포장할 마음이었다면 그렇게 자기를 '이방 여인'이라고 소개하지 않았을 것입니다.

룻은 유대 민족이 모압 사람을 이방인으로 싫어한다는 사실을 잘 알고 있었습니다. 자기도 유대인 집안과 관련이 있다는 사실을 드러내고 싶은 마음이 들었을 수 있습니다.

'저는 나오미라는 분의 며느리 되는 사람입니다.' 실은 이삭줍기를 할 비천한 신분은 아닌데, 형편이 어쩌다 그리 되어 밭에 나올 수밖에 없었다는 식으로 구차한 변명을 했을 수도 있습니다. 그러니 나를 너무 무시하거나 깔보지 말라는 제스처를 넌지시 할 수도 있었을 것입니다.

그러나 룻은 그런 시도나 변명을 하지 않습니다. 다른 사람들이 그녀를 나오미의 며느리로 알고 있는데도 룻은 자신을 '이방 여인'이라고 당당하게 말합니다.

'이방 여인'으로 자기를 소개하는 룻의 태도가 인상적입니다. '나오미의 며느리' 혹은 '유대인 말론의 아내'가 아닌 '이방 여인'으로 소개해도 떳떳하다고 생각한 것입니다.

룻은 '이방 여인'이라는 사실을 부끄럽게 생각지 않습니다. 이방인에 대한 편견과 배척을 알면서도 그리 한 것은 열등의식이 전혀 없었던 것입니다. 신앙 안에서 자유함을 얻은 것입니다. 이방인 콤플렉스가 승화되고 극복된 것입니다. 신앙은 열등의식조차 극복하게 만듭니다.

신앙 안에서 참 자유인이 되어야 합니다. 자신의 결점과 부족과 한계를 당당하게 공개하고 말할 수 있는 여유를 가져야 합니다.

우리에게는 남들이 모르는, 남들에게 알리고 싶지 않는 열등의식이 있을 수 있습니다. 그것은 하나님 신앙 안에서 승화되고 극복될 수 있습니다. 부족함과 모자람도 당당하게 드러낼 수 있는 자유함도 누릴 수 있습니다.

하나님께서
보응하시는 삶

롯 2:11-13 _____

[11] 보아스가 그에게 대답하여 이르되 네 남편이 죽은 후로 네가 시어머니에게 행한 모든 것과 네 부모와 고국을 떠나 전에 알지 못하던 백성에게로 온 일이 내게 분명히 알려졌느니라 [12] 여호와께서 네가 행한 일에 보답하시기를 원하며 이스라엘의 하나님 여호와께서 그의 날개 아래에 보호를 받으러 온 네게 온전한 상 주시기를 원하노라 하는지라 [13] 룻이 이르되 내 주여 내가 당신께 은혜 입기를 원하나이다 나는 당신의 하녀 중의 하나와도 같지 못하오나 당신이 이 하녀를 위로하시고 마음을 기쁘게 하는 말씀을 하셨나이다 하니라.

우리의 삶은 회자된다

"보아스가 그에게 대답하여 이르되 네 남편이 죽은 후로 네가 시어머니에게 행한 모든 것과 네 부모와 고국을 떠나 전에 알지 못하던 백성에게로 온 일이 내게 분명히 알려졌느니라."

Boaz replied, "I've been told all about what you have done for your mother-in-law since the death of your husband - how you left your father and mother and your homeland and came to live with a people you did not know before."

보아스와 룻의 대화가 계속됩니다. 유대인이 처음 만난 이방 여인과 대화를 길게 나누는 것이 예사롭지 않습니다. 보아스가 특별히 관심을 보인 것입니다. 보아스는 룻이 누구이고 어떤 연유로 이스라엘까지 오게 되었는지 소상히 알고 있습니다. 룻도 경박한 반응을 전혀 보이지 않습니다. 겸손한 응답이지만 절제되고 품위 있는 자세를 유지하고 있습니다.

여기의 '분명히 들렸다'는 '자초지종을 다 들었다'(I have been told all.)는 뜻입니다. 이것은 강조하는 말입니다. 룻에 관한 이야기들을 자세히 들었다는 말이고 또한 들은 내용을 사실로 믿었다는 말이기도 합니다.

보아스가 누구에게서 전해 들었을까 궁금합니다. 누군가 전해 준 사람이 있었을 것입니다. 그 사람은 보아스가 믿고 신뢰하는 사람이었을 것입니다.

보아스는 전해들은 내용에 관심을 가졌고 진중하게 들었습니다. 즉, 주위 사람들을 통해 전해지는 소식의 자초지종에 관심을 갖고 들었습니다.

아마도 보아스는 본문에 기록되지 않는 내용들까지 모두 들었을 것입니다. 나오미의 가족이 모압에 내려가서 어떻게 적응하고 살았는지, 엘리멜렉이 어떻게 죽었는지, 두 아들이 모압 여인들과 어떻게 결혼하게 되었는지, 그리고 그들이 죽게 된 내막도 모두 들었을 것입니다.

이러한 내용은 나오미를 통해 전해진 것이 분명합니다. 나오미는 이런 내막을 한 두 사람에게 털어놓았겠지만, 그 이야기는 다른 사람들에게도 전달되었습니다. 보아스만 아니라 베들레헴 사람 모두 알게 되었을 것입니다. 보아스의 일꾼들조차 알고 있었습니다. 나오미나 룻은 자기네 이야기가 널리 퍼진 사실을 미처 모르고 있었을 것입니다.

보아스가 룻에게 한 말은 세 가지 내용입니다. 첫째, 남편이 죽은 후에도 시어머니에게 선한 일을 많이 행했다. 둘째, 여호와 신앙을 위해 부모와 고국을 버리고 떠나왔다. 셋째, 낯선 유대 땅으로 살러 왔다. 매우 긍정적으로 말한 것입니다.

'착한 여인이다' '훌륭한 여인이다' '결단력이 있는 여인이다' '여호와 신앙이 깊은 여인이다' 등의 말이 함께 돌았던 것 같습니다. 직접 만난 적이 없지만 룻에 대해 좋은 이미지를 갖게 된 것으로 보입니다.

룻은 남들이 자기를 어떻게 생각할까 고민하지 않았습니다.

잘 보이려는 생각을 해 본 적도 없습니다. 그런 부분에 관심을 가질 여유가 없었습니다.

자기 앞에 닥친 고난을 뚫고 여호와 신앙을 따라 진솔하게 살았습니다. 남편이 죽은 이후 희생적인 삶을 묵묵히 살았습니다. 룻의 삶이 사람들의 입에 회자되고 잔잔한 감동을 일으킨 것입니다.

요즘에는 지나칠 정도로 남을 의식하며 산다는 생각이 듭니다. 남들의 평가에 너무 예민하게 반응하는 것은 아닌가 하는 생각도 듭니다. 그런 자세는 좋은 열매를 맺기 힘듭니다.

보아스의 말은 룻에게 말할 수 없는 위로가 되었을 것입니다. 자신이 지금까지 얼마나 힘든 삶을 살아왔는지 그 모든 사연을 다 알아주는 말을 들을 때 막혔던 가슴이 뻥 뚫리는 것처럼 시원함을 느꼈을 것입니다. 보아스가 들어 분명히 알고 있듯이, 하나님은 룻의 일거수일투족을 모두 보고 계셨고 그녀의 아픔과 슬픔과 소망과 기대도 모두 알고 계셨습니다.

여호와 신앙은 역경에서 빛난다

"여호와께서 네가 행한 일에 보답하시기를 원하며 이스라엘의 하나님 여호와께서 그의 날개 아래에 보호를 받으러 온 네게 온전한 상 주시기를 원하노라 하는지라."

May the Lord repay you for what you have done. May

you be richly rewarded by the Lord, the God of Israel, under whose wings you have come to take refuge.

보아스는 룻을 "이스라엘의 하나님 여호와의 날개 아래 보호를 받으러 온" 사람으로 표현합니다. 룻이 자기희생을 감수하고 시어머니를 따라 나선 근본 원인이 여호와 신앙에 있었다는 말이 전해진 것입니다. 나오미가 그렇게 이해를 했고, 다른 사람들도 그렇게 이해했던 것입니다.

룻은 "하나님 여호와의 날개 아래" 살고 싶어서 베들레헴에 온 것입니다. 룻의 여호와 신앙이 자기희생을 가능하게 했고 역경을 이기게 만들었습니다. 남편이 죽은 후에도 변함없는 신실함으로 시어머니를 섬긴 것도 여호와 신앙 때문이었습니다.

룻도 인간인지라 남편 사별 이후 생각이 복잡했을 것입니다. 그래도 그녀는 끝까지 신실함을 유지했습니다. 역경 속에서도 생각이 무너지지 않았고 자세가 흐트러지지 않았습니다. 그 비결이 여호와 신앙이었습니다.

룻은 하나님에 대한 믿음이 있었고 신앙의 세계를 알았습니다. 부모와 고국을 떠난 것은 성공이 목적이 아니었습니다. 이스라엘의 하나님을 자기의 하나님으로 섬기기로 작정했기 때문입니다. 인생의 새로운 의미와 목표를 발견했고, 여호와 신앙의 관점에서 세상을 바라보는 안목이 생겼습니다.

어쩌면 깊은 기도 생활을 했는지 모릅니다. 말씀 묵상도 깊이 했을 것입니다. 하나님 체험이 있었기 때문에 부모 친척 및 친숙했던 세계를 미련 없이 떠났습니다. 신앙의 세계를 체험적으로 알아야 가능한 일입니다.

여호와 신앙이 무엇입니까? 평안하고 문제가 없을 때에는 하나님을 잘 섬기는 것 같아도, 가세가 기울고 문제가 발생하기 시작하면 불평과 의심과 불만을 토로하는 것이 우리네 자화상입니다. 하지만 여호와 신앙을 소유한 사람은 다른 자세와 다른 모습으로 살아갑니다.

룻에 대한 칭찬은 '남편이 죽은 후에' 행한 일들에 대한 것입니다. 즉, 룻의 여호와 신앙은 남편이 죽은 후에 빛을 발했다는 뜻입니다. 여호와 신앙이 고난과 역경의 때에 진가를 발휘했다는 말입니다. 인생의 가장 어두운 시점을 통과하던 룻에게 흐트러진 모습이 전혀 보이지 않았던 것처럼, 우리의 여호와 신앙도 그런 수준이기를 바랍니다.

축복의 언어를 사용하라

"여호와께서 네가 행한 일에 보답하시기를 원하며"
May the Lord repay you for what you have done.

보아스의 기원입니다. 보아스는 하나님이 룻을 보호해 주시기를 기원합니다. 보아스의 기원은 어떤 의미일까요? 보아스의 기원은 아직은 자기가 룻을 위해 뭔가를 해 줄 일이 없다는 뜻입니다. 혹은 그럴 처지가 아니라는 의미일 수 있습니다. 뭔가 도움을 줄 의지가 있긴 하지만 여호와께서 어떻게 일하시는지 기다려 보아야 한다는 의미입니다.

보아스의 기원이 진솔한 것이었음은 부인할 수 없습니다. 다만 자신들이 직접 나서서 도움을 줄 상황이 아니라고 생각했을 가능성이 있음을 지적하는 것입니다.

여기에 한 가지 교훈이 있습니다. 보아스가 말로 축복을 빌었지만, 하나님은 그 기원의 내용을 이루어주신다는 것입니다.

하나님의 선대하심이 룻에게 임합니다. 보아스의 축복의 언어가 실제 상황에서 이루어집니다.

힘들고 피곤하고 지친 상황에서도 축복의 언어를 사용해야 합니다. 다른 사람들에게 축복의 언어를 사용하기 바랍니다. 진솔한 심정으로 하나님의 복을 기원해 주면 하나님의 때에 그것이 현실로 이루어질 것입니다. 하나님의 간섭을 체험하도록 하는 거룩한 방편이 아닐 수 없습니다.

보아스는 "여호와께서 네 행한 일을 보응하시기를" 원한다고 말합니다. 여기의 '보응하다'는 '온전하게 하다' 혹은 '완성하다'는 뜻입니다. 이미 시작된 일이나 행동을 드디어 마치게 된다는 뜻이며 동시에 전체 구도에서 흐트러진 일이 발생했을 때 원래 상태를 회복한다는 뜻입니다.

이것은 룻의 선한 행동이 발동을 걸어 기존의 구도를 깨는 원인제공을 했다는 것이고, 그 뒷수습은 여호와의 몫이 되었다는 것입니다. 룻이 시작한 선한 일을 여호와께서 매듭짓는 것입니다. 룻의 선한 삶이 여호와를 바쁘시게 만든 것입니다.

'보응하다'는 경제적인 의미도 있습니다. 보아스는 12절 뒷부분에서 '노임' 혹은 '임금'이라는 경제 용어를 사용합니다. '보응하다'를 경제적인 각도에서 해석하면, 룻이 이전에 보인 선한 행동들에 대해 하나님이 급여를 지불하셔야 한다는 뜻입니다.

하나님이 룻에게 빚을 지셨다는 말입니다. '노임'이란 단어는 야곱이 장인과 자신의 봉사에 대한 임금을 따질 때 사용되었습니다(창 29:15, 31:7,41). 야곱은 하나님이 개입하셔서 장인이 속이고 주지 않은 임금을 예상치 못한 방법을 통해 받게 됩니다. 여호와께서 보응하신 것입니다.

룻이 나오미를 섬긴 행동은 야곱이 장인을 섬긴 것과 비교될 수 있습니다. 나오미가 지불하지 못한 임금을 하나님이 대신 지불해야 하기 때문에, 룻의 선한 행동과 선한 삶이 하나님을 빚진 자로 만든 것입니다.

보아스의 기원은 하나님이 갚으셔야 할 빚의 분량이 너무 커서 다른 사람이 갚아줄 수 없다는 내용도 담고 있습니다. 그렇기 때문에 하나님이 갚아 주셔야 한다는 것입니다. 하나님은 조금도 부족함이 없이 다 갚아 주시고 끝까지 갚아 주실 것입니다.

우리의 선한 삶이 하나님을 빚진 자로 만듭니다. 우리의 선한 행동과 선한 삶에 대해 하나님이 '임금'을 지불해 주실 것입니다. 지금 선한 행동과 선한 삶을 심는다면 언젠가는 하나님의 보상을 얻게 되는 날이 반드시 올 것입니다. 한 가지 더 기억할 것은 선한 삶이 뿌린 씨가 결실을 거두듯, 악한 행동을 하면 그에 상응하는 징계도 반드시 받게 된다는 사실입니다.

믿음의 결단이 하나님의 임재를 만든다

"이스라엘의 하나님 여호와께서 그의 날개 아래에 보호를 받으러 온 네게 온전한 상 주시기를 원하노라."

May you be richly rewarded by the Lord, the God of Israel, under whose wings you have come to take refuge.

먼저 룻이 '왔습니다'. 모압에서 유대 땅으로 왔습니다. 이것은 여호와 신앙에 근거한 결단이었습니다. 그녀의 결단이 하나님을 움직이시도록 만들었습니다. 천국은 침노하는 자들의 것이라고 하신 예수님의 말씀을 기억나게 합니다.

이스라엘의 하나님 여호와는 자기 백성을 날개로 보호하십니다. 여기서 날개는 새의 날개를 말합니다. 어미 새가 새끼들을 날개로 보호합니다.

룻은 보호를 얻으려고 왔습니다. 하나님의 백성, 하나님의 자녀가 되고 싶어 하나님의 영역 안으로 침노하여 들어왔습니다. 유대 땅으로 온 것은 하나님의 영역으로 침공해 들어온 것입니다.

보호를 받는다는 말은 전적으로 하나님께 맡기는 것을 의미합니다. 자기를 의지하지 않고, 하나님을 의지하는 것입니다. 하나님이 책임져 주실 것을 의지하는 것입니다. '제 인생을 하나님께 모두 맡깁니다. 제 인생의 문제들은 하나님이 알아서 해결해주실 것으로 믿습니다.' 이런 태도를 갖는 것입니다.

염려와 근심, 계획과 소망 그리고 삶 전체를 하나님께 맡기면 하나님이 우리 삶에 임하십니다.

시편 91장 4절에서도 하나님의 피난처를 '하나님의 날개'로 표현합니다. 무엇으로부터 보호를 받습니까? 시편 기자는 질병, 전쟁, 재앙으로부터 건지심, 명예회복, 극심한 난관에서 벗어남 등이 여호와의 날개 아래 얻는 보호라고 말합니다.

구약에서 '상'(reward)은 결혼하여 남편과 후손을 얻는 것을 의미합니다. 이것은 앞서 룻기 1장 8-9절에서 나오미가 며느리들을 위해 기원했던 내용과 같습니다.

"여호와께서 너희를 선대하시기를 원하며 여호와께서 너희에게 허락하사 각기 남편의 집에서 위로를 받게 하시기를 원하노라."

룻은 나오미의 말을 받지 않았습니다. 모압으로 돌아가는 것은 하나님의 선대와 거리가 멀다고 항변했습니다. 이제 유다 땅으로 돌아온 룻에게 보아스가 '남편의 집에서 위로를' 기원한 것입니다. 젊은 소녀인 룻의 장래를 생각해주는 마음이 진하게 느껴지는 기원이 아닐 수 없습니다.

아마도 룻은 유다 땅으로 들어오면서 이런 내용의 간구를 드렸을 것입니다. 자신이 간구한 내용을 보아스의 입을 통해 듣게 되었을 것입니다. 아직은 그 간구와 기원이 어떻게 이루어질지 아무도 예측할 수 없는 상황입니다. 그러나 머지않아 그 간구와 기원이 현실이 될 것입니다.

기도하는 순간 즉시로 모두 응답되고 해결되지는 않습니다. 하나님의 개입과 역사하심을 기다려야 합니다. 하나님이 어떤 방식을 사용하셔서 응답하실지 우리는 모릅니다. 기도한 뒤에도 여전히 막막하게 느낄 수 있습니다. 그러나 하나님이 움직이기 시작하신다는 사실은 분명합니다.

하나님의 때가 이르면 하나님의 도우심이 서서히 그러나 확실하게 드러나게 됩니다. 찬송가의 가사처럼 세월 지나갈수록 의지할 것뿐입니다. 하나님을 신뢰하고 의지하고 맡기는 것이 가장 확실한 길입니다. 이것을 일찍 깨닫는 것이 복입니다.

가난한 마음을 가져라

"룻이 이르되 내 주여 내가 당신께 은혜 입기를 원하나이다. 나는 당신의 하녀 중의 하나와도 같지 못하오나"

May I continue to find favor in your eyes, my lord, though I do not have the standing of one of your servants.

룻이 응답을 합니다. 그녀는 땅에 엎드린 자세를 유지하고 있었습니다. 룻의 겸손한 모습과 보아스를 존대하는 자세에 흐트러짐이 없습니다.

우리말 번역은 룻이 보아스에게 은혜를 구하는 듯한 인상을 줍니다. 원문은 그런 뜻이 아닙니다. 룻이 보아스에게 감사를 표하는 내용입니다. '은혜를 베풀어 주시니 감사합니다' 혹은 '선대해 주시니 감사합니다'라고 한 것입니다.

2장 2절에서 룻은 "뉘게 은혜를 입으면" 이삭줍기를 하겠노라고 합니다. 10절에서는 은혜를 베풀어준 보아스에게 감사합니다. 또한 13절에서 룻은 세 번째로 이삭줍기를 '은혜'로 언급합니다. 낮아질 대로 낮아진 사람의 심정을 고스란히 드러내고 있습니다.

현재 자신의 처지가 형편없는 사람일지라도 '한 때 나도 이런 사람이었어. 그러니 나를 무시하지 마라'는 생각을 할 수 있습니다. 그러나 룻은 그런 생각조차 없습니다. 마음이 온전히 가난해진 상태입니다. 이삭줍기조차 감지덕지라는 말입니다. 그래서 '은혜'라는 용어를 반복해서 말하는 것입니다.

우리 주변을 보면 실제는 그렇지 못한데 마음만 높아져 있는 사람들이 있습니다. 그들은 자신의 어려운 형편과 처지를 인정하기 힘들어 합니다. 자존심이 상하는 일이기 때문입니다. 하지만 마음이 가난한 사람은 가난한 자신의 상태를 있는 그대로 인정합니다.

이삭줍기를 하는 자신의 처지를 한탄하지 않고 이삭을 줍도록 배려해 주는 사람에게 감사를 표현합니다. 행여 마음이 높아

저 있는 상태였으면 불평과 원망과 짜증과 쓴 뿌리가 나오게 됩니다. 이삭줍기를 은혜라고 말하지 못했을 것입니다.

마음이 가난하면 절망이나 열등의식을 갖지 않습니다. 이미 가난하기 때문입니다. 가난한 마음은 비굴한 마음이 아닙니다. 가난한 마음은 하나님이 우리를 연단하시고 계심을 인정하고 순종하는 마음입니다.

하나님은 우리가 가난한 마음을 소유하기를 원하십니다. 가난한 마음에 하나님의 은혜가 임합니다. 현재 우리의 형편과 처지를 떠나 무조건 가난한 마음이 되기를 기대하십니다. 가난한 마음은 하나님을 인정하는 마음입니다. 가난한 마음은 하나님의 마음과 통합니다. 가난한 마음에 천국이 임합니다.

감사의 마음을 표현하라

"당신이 이 하녀를 위로하시고 마음을 기쁘게 하는 말씀을 하셨나이다"

She said. "You have put me at ease by speaking kindly to your servant."

룻과 보아스의 대화가 끝납니다. 룻이 말한 후 더 이상 보아스의 말이 이어지지 않습니다. 보아스가 더 이상 할 말이 없어진 것입니다. 보아스가 감동한 것입니다.

첫째, 룻은 진솔하게 감사를 표현했습니다.

룻은 이미 10절에서 은혜를 베풀어준 사실에 감사를 표했습니다. 룻의 입장에서는 꼭 그렇게까지 감사하지 않아도 무방했습니다. 이삭줍기는 율법이 정한 것이요, 가난한 자들의 당연한 권리였기 때문입니다. 그런데 룻은 그것을 당연한 권리로 여기지 않았습니다. 밭주인에게 감사하는 것을 잊지 않았습니다. 율법적으로는 보장된 당연한 권리였지만, 인간적으로는 밭주인에게 정중하게 감사를 표한 것입니다.

둘째, 자신을 가장 미천한 자리까지 낮추었습니다.

룻은 처음에 자신을 보아스의 시녀로 말했다가, 그 다음에 시녀의 신분에도 미치지 못하는 미천한 자로 더 낮추어 말합니다. 룻은 자신이 보아스와 어떤 관계인지 여전히 모르고 있습니다. 짐짓 꾸미는 것이 아니었습니다.

그런데 보아스는 어떠합니까? 보아스는 룻이 나오미의 며느리로 자기와 연관이 있는 사람인 것을 알고 있었습니다. 친척관계에 있다는 사실을 말하지 않은 것뿐입니다. 보아스의 입장에서는 안타까운 마음이 들었을 것입니다. 친척관계에 있는 사람이 그런 사실도 모르고 미천한 자로 자기에게 경의를 표하는 모습에 마음이 아팠을 수 있습니다.

셋째, 자신의 연약한 부분을 솔직하게 드러냈습니다.

여기에 "위로하다"는 상을 당한 사람을 위로하거나(창 37:35) 마음을 풀어주는 것을 뜻합니다. 요셉의 형들이 복수를 당할지 모른다는 두려움에 사로잡혀 있을 때 요셉이 걱정하지 말도록 거듭 안심을 시켜준 것과 같습니다. 룻에게는 '유대 사람들이 나를 이방인이라고 배척하고 쫓아내면 어떡하지' 하는 염려와 두려움이 있었을 것입니다. 또는 이삭줍기를 하러 나왔다가 이스라엘의 풍습을 몰라 엉뚱한 실수를 저지르고 그로 인해 사람들로부터 어려움을 당하게 될지 모른다는 두려움도 있었을 것입니다.

"마음을 기쁘게 하는 말씀을 하셨다"는 히브리어 숙어입니다. 이것은 '위로와 용기를 주는 말을 했다'는 뜻입니다. 용기를 내어 이삭줍기에 나오긴 했으나 두려움이 있었고 위로와 용기가 절실하게 필요했다는 심정을 고백한 것입니다.

넷째, 보아스의 말은 룻을 유대 공동체에 받아 주는 것이었습니다.

이스라엘 민족의 여호와께서 룻을 보호해 주시기를 간구했습니다. 이것이 룻에게 큰 위로와 용기를 주었을 것입니다. 보아스는 유대의 문화와 풍습을 고려하여 나름대로 룻의 필요를 해소하는 조처를 해 주었습니다.

룻은 보아스가 자신의 가정과 처지를 헤아려 준 것이 어떤 의미인지 말합니다. 보아스에게 감사하다고 즉각적인 반응을 보임으로써 자신의 두려움과 나약함을 솔직하게 드러냅니다. 이러한 인간적이고 때 묻지 않은 순수한 모습이 보아스에게 깊은 인상을 남긴 것이 분명합니다.

우리의 삶의 현장에 하나님이 임하시고 역사하십니다. 우리의 마음가짐과 다른 사람들을 대하는 자세가 중요한 변수로 사용됩니다. 교만하고 뻣뻣하고 감사할 줄 모르는 사람에게는 하나님이 역사하실 공간이 크지 않습니다.

룻과 같이 순수하고 진솔한 마음에서 우러나오는 감사가 있을 때 하나님의 개입과 구원의 손길이 탄력을 받게 됩니다.

하나님을 닮은
긍휼의 삶으로

룻 2:14-16

¹⁴ 식사할 때에 보아스가 룻에게 이르되 이리로 와서 떡을 먹으며 네 떡 조각을 초에 찍으라 하므로 룻이 곡식 베는 자 곁에 앉으니 그가 볶은 곡식을 주매 룻이 배불리 먹고 남았더라 ¹⁵ 룻이 이삭을 주우러 일어날 때에 보아스가 자기 소년들에게 명령하여 이르되 그에게 곡식 단 사이에서 줍게 하고 책망하지 말며 ¹⁶ 또 그를 위하여 곡식 다발에서 조금씩 뽑아 버려서 그에게 줍게 하고 꾸짖지 말라 하니라.

궁핍을 돌보는 마음을 가지라

"식사할 때에 보아스가 룻에게 이르되 이리로 와서 떡을 먹으며"

At mealtime Boaz said to her, "Come over here. Have some bread."

밭일을 하는 중간에 먹는 식사는 매우 즐겁습니다. 필자도 어렸을 적에 시골에서 농번기 봉사를 나갔던 기억이 납니다. 한참 일하다 보면 새참 먹는 시간이 옵니다. 음식을 받아 들고 삼삼오오 논두렁에 털썩 주저앉아 솔솔 불어오는 바람의 향기를 맡으면서 먹었던 식사는 지금도 잊지 못합니다.

본문의 식사 장면도 그랬을 것으로 짐작해 봅니다. 일꾼들은 보아스의 집에서 가져온 음식을 먹었을 것입니다. 식사 시간이 되어 밥 먹을 준비를 합니다. 이제 식사 시간이 되었으니 일손을 놓고 나와서 식사하라고 말합니다. 곡식을 자르던 사람들이나 곡식을 묶고 거두어들이는 사람들이나 모두 식사 장소로 이동합니다.

그 때 그 현장에 있던 룻의 모습을 보게 됩니다. 룻은 점심을 준비해 오지 못했을 것입니다. 어쩌면 점심 이전에 일을 마치고 집으로 돌아갈 생각으로 나왔는지 모릅니다. 그래서 이른 아침에 밭을 향해 출발했을 것입니다. 이삭줍기가 그렇게 시간이 많이 드는 일인 줄 미처 몰랐을 것입니다. 오전 내내 이삭을 주운 양이 그다지 많지 않았기에 중도에 집에 갈 수도 없었습다.

보아스가 식사 자리에 룻을 부릅니다. 룻이 밭의 한 켠에 앉아 있었는지, 아니면 밭 가장자리로 나와 쉬고 있었는지 알 수 없습니다. 하지만 식사 장소에서 그다지 멀리 떨어져 있지 않았던 것 같습니다. 보아스가 룻에게 "이리 가까이 오라"고 한 것을 보면, 룻이 있던 곳이 그리 멀지 않았음을 알 수 있습니다. 보아스는 먹을 것이 없었던 룻의 사정을 눈치 채고 그녀를 식사에 초대하였습니다.

우리도 주위 사람들의 긴급한 필요가 무엇인가 볼 수 있는 눈을 가져야 합니다. 근본적인 해결책은 아닐지라도 도움의 손길을 뻗쳐야 합니다. 고통을 당하는 사람들의 형편을 살피는 긍휼의 마음을 소유해야 합니다.

필요가 무엇인지 세밀히 관찰하라

"네 떡 조각을 초에 찍으라"
And Dip it in the wine vinegar.

여기에 '떡을 먹으라'는 '식사를 하라'는 말입니다. 우리말 성경에는 '떡'으로 번역했지만, 정확하게는 '빵'(bread)입니다. 당시 주식은 빵이었습니다. 오늘날에도 팔레스틴 사람들은 빵을 주식으로 합니다. 보아스는 빵 조각을 초(醋)에 찍어 먹으라고 합니다.

여기의 '초'는 신 맛이 나는 음료수이거나 아니면 식초 성분을 가진 소스가 아닐까 합니다. 요즘에 감자튀김을 먹을 때 토마토케첩을 쳐서 먹는 것과 비슷한 것입니다.

빵을 먹을 때 초에 살짝 담갔다 먹는 것이 당시 식사 방식이었던 것 같습니다. 보아스는 빵을 식초에 찍어 먹으라고 권합니다. 보아스의 자상함을 보여줍니다. 빵을 식초에 찍어 먹는 것은 더위를 먹지 않도록 하는 목적도 있었습니다. 햇볕에 나가 이삭을 주워야 하는 룻을 배려하는 마음이 엿보이는 대목입니다.

보아스는 룻이 긴급하게 필요한 것이 무엇인지 알았고, 또한 그것을 세밀하게 챙겨주는 자상한 마음을 소유하고 있었습니다.

하나님의 생각을 실천하라

"룻이 곡식 베는 자 곁에 앉으니 그가 볶은 곡식을 주매"

When she sat down with the harvesters, he offered her some roasted grain.

보아스는 룻을 정식 식사 자리에 초대합니다. 보아스는 룻을 미천한 하녀로 여기지 않고, 다른 일꾼들과 동등하게 대우하며 초대한 것입니다.

룻은 보아스의 초청을 거절할 수 없었습니다. 그래서 '곡식 베는 자 곁에' 앉습니다. 아마 곡식 베는 자들 가운데 누군가 자리를 만들어 주었을 것입니다. 어쩌면 보아스가 누군가에게 눈짓을 해서 자리를 만들라고 했을 수도 있습니다. 룻은 곡식 나르는 자들이 아닌 곡식을 베는 자들 곁에 앉습니다.

룻은 보아스와 한 상에서 식사를 하는 셈입니다. '시녀의 하나와 같지 못하다'고 말하던 룻에게 엄청난 특권이 주어진 것이 아닐 수 없습니다.

보아스는 룻을 한 상에서 식사하도록 초청했을 뿐 아니라 룻에게 볶은 곡식도 주었습니다. 여기에 '주다'는 '쌓다'는 의미인데, 성경에서 단 한 번 사용되었습니다. 룻이 앉았을 때 누군가 그녀 앞에 빵을 놓았을 것입니다. 그리고 볶은 곡식도 놓았을 것입니다. 식사를 섬기는 누군가가 있었다는 말입니다.

그런데 보아스가 볶은 곡식을 더 쌓아 줍니다. 보아스는 룻이 이미 받은 음식에 더 많은 양을 그녀 앞에 놓아 줍니다. 룻이 앉은 자리는 보아스의 곁이 아닙니다. 보아스의 자리와 룻이 앉은 자리 사이에 거리가 있었습니다.

보아스가 '볶은 곡식'을 룻 앞에 쌓아주었다는 것은 룻의 자리에까지 와서 그렇게 했다는 말은 아닙니다. 아마 일꾼을 시켜 룻 앞에 더 많은 볶은 곡식을 놓아주라고 지시했을 것입니다. 그래도 그것은 결국 보아스가 준 것이 됩니다.

보아스의 이러한 행동은 현장에 있던 사람들에게는 의아하게 생각되었을 것입니다. 매우 파격적인 대우였기 때문입니다.

보아스는 사람을 외모로 취하지 않았습니다. 그는 유대 사회의 통념을 넘어 이방 여인 룻을 인격적으로 대우했습니다. 누군가를 식탁에 초대하는 일은 동등하게 대접한다는 뜻입니다. 상대방을 교제의 대상으로 여긴다는 뜻이기도 합니다. 당시 이삭을 줍는 사람들은 빈곤층이고 비천한 계층이었습니다. 이삭줍기하던 룻을 식탁에 초대한 것은 그녀를 인격적으로 대접한 것이었습니다.

이런 보아스의 행동은 하나님의 마음을 반영합니다. 보아스는 율법을 넘어 하나님의 마음을 실천으로 옮긴 것입니다. 또한 보아스의 행동은 예수님을 연상시킵니다.

예수님은 당시 세리와 죄인들과 함께 식탁 교제를 가지셨습니다. 부정한 사람들과 식탁 교제를 가진다는 종교 지도자들의 비난도 아랑곳 하지 않으셨습니다. 오히려 "내가 의인을 부르러 온 것이 아니요 죄인을 부르러 왔노라"(막 2:17)고 말씀하셨습니다. 이처럼 남녀, 빈부, 신분의 차별을 넘어서는 것이 예수님의 정신이요 하나님의 마음입니다.

보아스는 하나님을 제대로 알고 제대로 실천했던 사람입니다. 하나님을 제대로 알아야 바른 행동이 나옵니다. 예수님 당시 종교 지도자들조차 넘지 못했던 벽을 보아스는 이미 넘어섰음을 보여줍니다.

이방 여인을 식탁에 초대하는 일은 하나님의 마음을 실천하는 일입니다. 하나님을 정확히 알고 있었기에 당시 사람들의 통넘을 넘어서는 행동을 할 수 있었던 것입니다.

당장 필요한 것을 풍성히 채워주라

"룻이 배불리 먹고 남았더라."
She ate all she wanted and had some left over.

룻이 배불리 먹습니다. 이것은 그녀가 배불리 먹어본 적이 없었음을 은연중 강조합니다. 베들레헴에 올라온 이후 음식을 배불리 먹어 본 적이 없었는데 처음으로 배불리 먹었습니다.

룻은 그동안 거의 굶다시피 했을 것입니다. 이삭줍기를 나온 가장 큰 이유가 먹거리 문제였기 때문입니다. 룻과 나오미는 '언제 음식을 실컷 먹어 볼 날이 올까'하는 생각도 들었을 것입니다. 그리고 낙심했을 것입니다. 그런데 드디어 그런 일이 일어났습니다. 룻은 배불리 먹었고, 음식도 남았습니다.

본문에는 "룻이 배불리 먹고 남았더라"로 번역이 되어 있는데 이것을 좀 더 직역하면 "룻이 먹었다. 그리고 배불리 먹었다. 그리고도 많이 남았다."입니다.

룻을 식탁에 초대한 것이 그녀의 먹거리 문제를 근본적으로 해결해 준 것은 아닙니다. 보아스는 그 순간에 베풀 수 있는 것을 베풀었을 뿐입니다.

보아스의 행동을 보면 그가 긍휼의 마음을 갖고 있었음을 알 수 있습니다. 긍휼의 마음은 넉넉한 구제를 가능케 합니다. 룻에게 먹고 남을 만큼 넉넉히 음식을 제공합니다.

이 구절도 예수님의 오병이어의 이적을 연상시킵니다. 예수 님께서 목자 없는 양 같은 이스라엘의 무리를 먹이셨습니다. 남 자 어른만 오천 명이었습니다. 그 많은 무리가 넉넉히 먹고 남 은 음식이 열 두 광주리나 되었습니다. 그만큼 풍성했습니다.

예수님은 어느 정도의 양이면 모두 모자람 없이 먹을지 알 고 계셨습니다. 음식이 남지 않도록 깔끔하게 이적을 행하실 수 도 있었습니다. 그럼에도 불구하고 상당량이 남도록 의도적으로 풍성하게 베푸셨습니다.

예수님께서 열 두 광주리에 음식을 담을 정도로 넉넉히 만 드신 이유가 무엇일까요? 예수님은 그 자리에 오지 못한 사람들 에게도 나누어 주도록 하셨을 것으로 짐작됩니다. 음식을 배불 리 먹었으면, 다른 사람들과 은혜를 나누어야 합니다. 룻도 먹고 남은 음식을 가지고 갑니다.

하나님의 계획에 앞서지 않는 지혜를 가져라

"룻이 이삭을 주우러 일어날 때에"
As she got up to glean,

식사를 마친 룻이 다시 이삭줍기를 하러 일어납니다. 다른 일꾼들이 일을 시작하기 전에 먼저 일어났을 것입니다. 다른 일꾼들이 움직일 때까지 식탁에 앉아 있지 않았을 것입니다.

롯은 식사를 마치면서 '식사 감사합니다. 저는 이만 이삭줍기하러 가겠습니다.' 이런 정도의 말은 하고 일어섰을 것입니다. 식사를 마치고 아무 말도 없이 밭으로 달려가지는 않았을 것입니다.

롯은 이삭줍기에 성실하게 임하는 모습을 보입니다. 밭주인이 의외로 호의를 보여주고 식탁에 합석하는 은혜를 베풀어 주었어도 이삭줍기는 계속합니다. 자신의 신분과 처지를 잊지 않았습니다. 보아스의 친절에 필요 이상으로 고무되지도 않습니다. 혹시 뭔가 또 다른 호의를 베풀어 주지는 않을까 하는 기대도 하지 않았습니다.

롯은 다른 사람들이 식사를 마치기 전에 일어섭니다. 지혜가 많은 사람이었습니다. 롯에게 슬쩍이라도 희망적인 언질을 줄 수도 있었을 것입니다. '사실 나는 자네 시어머니 나오미에게 친족이 되는 사람일세. 이젠 내가 자네의 형편을 알았으니 염려하지 말게. 내가 도움을 주도록 하겠네.' 개인적으로라도 이런 정도의 언질은 충분히 줄 수 있었을 것입니다. 그런데 보아스는 그런 말을 하지 않았습니다.

한국적인 정서에서 보면 보아스가 참 냉정한 사람 같기도 합니다. 친척이 그런 상황인줄 알고서도 어떻게 이삭줍기를 계속 하도록 내버려 두냐고 비난을 받아야 할 것 같다는 생각도 듭니다.

하지만 그렇게 하지 않습니다. 마음이 없어서가 아니라 신중한 배려가 있었기 때문으로 보아야 합니다. 룻을 향하신 하나님의 계획에 자신이 앞서 가지 않는 지혜가 있었던 것입니다. 그 때 그 현장에서 자기가 할 수 있고 또 해야 하는 그 일을 지혜롭게 감당한 것입니다.

모든 사람을 존중하라

"보아스가 자기 소년들에게 명령하여 이르되 그에게 곡식 단 사이에서 줍게 하고 책망하지 말며"

Boaz gave orders to his men, "Let her gather among the sheaves and don't reprimand her."

그런 룻의 모습을 보고 보아스가 또 다른 지시를 내립니다. 자기 소년들에게 명령합니다. 곡식 단 사이에서 줍게 하라, 책망하지 말라, 룻을 위하여 곡식 다발에서 조금씩 뽑아 버려서 룻이 줍게 하라, 꾸짖지 말라는 내용입니다.

여기서 '책망하다'는 '상대방에게 모욕을 주다'는 뜻입니다. 룻에게 더 많은 이삭을 줍게 하면서 그녀에게 모욕감을 느끼게 하지 말라는 말입니다. 이방 소녀인 룻에게 한 마디 속을 뒤집는 말을 하지 말라는 것입니다.

보아스의 명령에서 두 가지 중요한 사실을 깨닫습니다.

첫째, 모든 사람을 존중하는 태도입니다.

도움을 줄 때 받는 사람의 자존심을 상하게 하지 말아야 합니다. 그것은 진정한 도움이 아닙니다. 도움 받는 사람을 인격적으로 대우해야 합니다.

둘째, 사람의 형편이 역전될 수 있음을 염두에 두어야 합니다.

아직 보아스나 룻이나 앞으로 어떤 일이 전개될지 전혀 모르고 있습니다. 룻기서의 결말을 알고 있는 독자의 입장에서 볼 때, 이 대목에서 보아스는 소년 일꾼들에게 대단히 중요한 말을 한 것입니다.

지금은 이삭줍기를 하는 형편이지만, 나중에 룻이 보아스의 아내가 되고 안주인이 됩니다. 만일 본문 상황에서 소년 일꾼들이 룻에게 모욕을 주는 말을 했거나 무례한 행동을 보였다면 나중에 그 소년들이 곤경에 빠지게 되었을 것입니다. 보아스가 이런 부분까지 헤아리고 그런 말을 했던 것은 결코 아닙니다.

이렇게 볼 때, 보아스가 소년들에게 그런 말을 한 것은 하나님의 개입이 아닐 수 없습니다. 하나님께서 사전에 세밀한 부분까지 개입해 주신 것입니다.

하나님이 기뻐하시는 생각과 말과 행동을 하면, 나중에 미처 예기치 못했던 어려움을 피하도록 도와주십니다. 우리는 항상 영적 원리를 따라 행동해야 합니다. 하나님께서 예상치 못한 부분까지 개입해 주시는 체험을 하게 됩니다.

도움을 베푼 다음에 모든 것을 잊어라

"또 그를 위하여 곡식 다발에서 조금씩 뽑아 버려서 그에게 줍게 하고 꾸짖지 말라."

Even pull out some stalks for her from the bundles and leave them for her to pick up, and don't rebuke her.

보아스가 소년들에게 또 다른 명령을 합니다. 보아스는 레위기 규정을 넘어서 훨씬 더 파격적인 조치를 취합니다. 즉, 줌 (bundle)에서 이삭을 뽑아 밭에 떨어뜨리라고 일러 줍니다.

여기서 '꾸짖다'는 '자기 스스로 화가 나서 열을 받는 것'을 뜻합니다. 왜 일꾼들이 열을 받습니까? 아마 주인 보아스의 지나치게 관대한 처분에 불만을 가질 수 있었을 것입니다. '원래 레위기 규정을 넘는 지나치게 관대한 처분이 아닌가?' 이렇게 불편하게 생각했을 수 있습니다.

보아스가 한 말이 의미심장합니다. "뽑아 버리라." 룻이 줍도록 던져준 것은 이미 버린 것이요 내 것이 아니라고 생각하라는 뜻입니다.

소년들에게 곡식은 자기 소유도 아닙니다. 주인인 보아스가 주라고 명령하면 줘야 합니다. 그들은 주인의 소유를 관리하는 일꾼에 지나지 않습니다. 주인의 명령이 떨어지면 두말할 필요 없이 순종해야 합니다. 도움으로 준 것이면 그것은 잊어버리라는 명령입니다.

우리도 일꾼들과 다르지 않습니다. 우리의 소유는 모두 하나님의 것입니다. 도움을 베풀면서도 괜히 아까운 생각을 가질 수 있습니다. 도움을 베푸는 것이면 자신의 손을 떠난 것으로 여겨야 합니다.

일상을 하나님의
눈으로 보기

룻 2:17-23

¹⁷ 룻이 밭에서 저녁까지 줍고 그 주운 것을 떠니 보리가 한 에바쯤 되는지라 ¹⁸ 그것을 가지고 성읍에 들어가서 시어머니에게 그 주운 것을 보이고 그가 배불리 먹고 남긴 것을 내어 시어머니에게 드리매 ¹⁹ 시어머니가 그에게 이르되 오늘 어디서 주웠느냐 어디서 일을 하였느냐 너를 돌본 자에게 복이 있기를 원하노라 하니 룻이 누구에게서 일했는지를 시어머니에게 알게 하여 이르되 오늘 일하게 한 사람의 이름은 보아스니이다 하는지라 ²⁰ 나오미가 자기 며느리에게 이르되 그가 여호와로부터 복 받기를 원하노라 그가 살아 있는 자와 죽은 자에게 은혜 베풀기를 그치지 아니하도다 하고 나오미가 또 그에게 이르되 그 사람은 우리와 가까우니 우리 기업을 무를 자 중의 하나이니라 하니라 ²¹ 모압 여인 룻이 이르되 그가 내게 또 이르기를 내 추수를 다 마치기까지 너는 내 소년들에게 가까이 있으라 하더이다 하니 ²² 나오미가 며느리 룻에게 이르되 내 딸아 너는 그의 소녀들과 함께 나가고 다른 밭에서 사람을 만나지 아니하는 것이 좋으니라 하는지라 ²³ 이에 룻이 보아스의 소녀들에게 가까이 있어서 보리 추수와 밀 추수를 마치기까지 이삭을 주우며 그의 시어머니와 함께 거주하니라.

그 날 일에 최선을 다한다

"룻이 밭에서 저녁까지 줍고 그 주운 것을 떠니 보리가 한 에바쯤 되는지라."

So Ruth gleaned in the field until evening. Then she threshed the barley she had gathered, and it amounted to about an ephah.

룻은 허리를 숙였다 펴는 고된 일을 이른 아침부터 저녁까지 온종일 했습니다. 본래 룻은 도시 여인으로 밭농사를 지어본 적이 없습니다. 그런데 불평의 기색이나 좌절한 모습을 보이지 않고 그 고된 이삭줍기를 온종일 합니다.

"밭에서 저녁까지"라는 표현에서 조금이라도 더 주우려 했던 룻의 의지를 엿볼 수 있습니다. 아마 룻은 집에서 먹을 것이 없어 기운을 차리지 못하고 있을 시어머니를 생각하며 더욱 분발했는지 모르겠습니다.

새벽에 와서 오전 내내 이삭을 주웠던 것처럼, 점심 식사를 한 이후 저녁때까지 쉬지 않고 이삭을 주웠습니다. 오전에 이삭줍기를 하던 룻의 진지하고 성실한 모습에 일꾼들 모두 깊은 인상을 받았던 것처럼, 오후에도 동일한 자세로 이삭줍기를 했다는 표현입니다.

저녁까지 이삭줍기를 한 후 그 주운 것을 떱니다. 이삭을 떠는 것은 알곡과 껍데기를 분리하는 작업으로 타작마당에서 합니다. 아마 룻은 자기가 주운 이삭을 어느 한 지점에 쌓아 두었을 것입니다. 주운 이삭을 그곳에 갖다 두고 다시 가서 이삭줍기를 계속했을 것입니다.

이제 주운 이삭 전부를 타작마당으로 옮겨갑니다. 보아스의 일꾼들이 도와주었다는 언급이 없는 것으로 보아, 룻이 혼자 그 일을 했던 것으로 보입니다.

그러나 타작을 할 때는 보아스의 소녀들 가운데 누군가 룻을 도와주었을 것입니다. 타작마당의 위치도 알려주고 타작을 어떻게 하는지도 가르쳐주었을 것입니다. 보이지 않는 손길의 도움을 받아 룻이 타작합니다.

본문은 타작 작업을 매우 간결하게 언급합니다. "저녁까지 줍고 그 주운 것을 떨었다." 룻이 주운 이삭을 떠는 작업을 가볍게 처리했다는 인상을 줍니다. 즉 타작하는 작업까지 가벼운 마음으로 해치운 것입니다. 룻의 마음에 서글픈 상념이 끼어들 여지가 조금도 없음을 넌지시 알려줍니다. 힘들고 고된 하루의 작업이었지만, 속도감 있게 진행됩니다.

한 '에바'는 한 '말'보다 조금 더 많은 분량입니다. 열 되가 한 말인데, 한 에바는 약 열 두 되에 해당합니다. 이 정도 분량이면 보통 두 사람이 일주일 정도 먹을 양식입니다. 룻이 하루에 이삭줍기한 분량을 언급하는 이유를 두 가지로 생각해 볼 수 있습니다.

첫째, 하루 이삭줍기로 한 에바 분량의 곡식을 거두는 일이 쉽지 않은 일이라는 것입니다. 보아스의 배려가 큰 도움이 되긴

했지만 혼신을 다해 이삭줍기를 한 룻의 성실함을 드러냅니다.

둘째, 이삭줍기가 근본적인 문제 해결이 아님을 암시합니다. 하루 이삭줍기를 통해 약 일주일 정도 연명할 식량은 얻지만, 그것은 추수하는 기간 동안에만 가능합니다. 추수 기간이 끝나면 이삭줍기도 끝이 납니다. 이삭줍기가 이 가정의 문제를 푸는 근원적인 해결책은 아닙니다.

그러나 룻은 그날 할 일 혹은 하기로 작정한 일에 혼신을 다했습니다. 이것이 영적인 자세입니다. 일확천금에 마음을 두거나, 간단하게 인생역전을 꿈꾸는 것은 영적이지 않습니다.

룻과 나오미는 '우연히' 추수가 시작되는 때 모압으로부터 돌아왔습니다. 베들레헴에 와서 이삭줍기를 하리라고는 상상도 못했지만, 지금 보아스의 밭에서 한 에바의 곡식을 얻습니다. 우연한 징조로 언급되었던 사실이 그들의 삶에 조그마한 돌파구 역할을 하고 있습니다.

보아스는 2장 12절에서 룻의 선한 행실에 여호와께서 보응해 주시기를 기원했습니다. 보아스가 긍휼의 마음을 베풀어 넉넉하게 이삭을 줍도록 배려해 주었는데 사실은 그것이 앞으로 주어질 하나님의 보응하심에 대한 서곡이었습니다.

그러나 그 날 그 현장에서는 아무도 그런 감을 잡지 못했을 것입니다. 그 날 하루 곡식을 얻은 사실 자체에 감사했을 뿐입니다. 하지만 그 날 하루의 일은 앞으로 주어질 더 풍성한 은혜의 징조였습니다. 한 에바의 보리는 계속 이어질 하나님의 보상의 시작이었습니다.

하나님은 먼저 조그마한 징조를 보여주십니다. 우연히 일어나는 것처럼 보이는 일을 통해서 하나님의 손길과 징조를 깨닫게 됩니다. 하나님이 보여주시는 징조를 알아보는 영적 안목과 감각이 열려야 합니다.

사람과 상황에 정성을 다하라

"그것을 가지고 성읍에 들어가서 시어머니에게 그 주운 것을 보이고 그가 배불리 먹고 남긴 것을 내어 시어머니에게 드리매"

She carried it back to town, and her mother-in-law saw how much she had gathered. Ruth also brought out and gave her what she had left over after she had eaten enough.

이삭을 떤 다음 성읍으로 들어갑니다. 한 에바는 운반하기 적지 않은 양입니다. 온 종일 이삭줍기에 타작까지 했으면 매우 피곤했을 것인데, 성읍까지 그것을 지고 갑니다.

곡식을 어깨에 지고 성읍까지 걸어갔던 룻의 심정은 어떠했을까요? 새벽에 집을 나설 때 가졌던 마음과는 사뭇 달랐을 것입니다. 주위 사람들의 시선도 아무런 걸림돌이 되지 않습니다. 보아스가 이스라엘 공동체의 일원으로 당당하게 대우해 주었기 때문입니다.

이 구절도 매우 간결합니다. 곡식을 지고 성읍까지 걸어간 것이 가벼운 일이었다는 인상을 줍니다. 아마 룻의 마음이 경쾌했기 때문에 곡식도 가볍게 느껴졌을 것입니다. 마음이 기쁘면 짐도 가벼워지는 법입니다. 극도로 피곤한 상태였을 것인데, 룻은 한마디 불평도 없이 그것을 감당합니다.

룻은 점심 식사를 하고 남은 음식도 가져왔습니다. 자신의 허기진 배를 채우면서 그 순간에 집에 있는 시어머니 생각을 했던 것입니다. 그래서 음식을 싸 가지고 옵니다. 집에서 굶고 있을 시어머니 생각을 한 것입니다. 자기를 챙기기에도 경황이 없을 상황에 시어머니를 챙긴 것입니다. 룻은 나오미에게 정성을 다하는 자세를 견지합니다.

본문은 룻이 점심 식사 때 남은 음식을 별도로 챙겨 두었던 사실을 전혀 언급하지 않았습니다. 독자들 역시 룻이 나오미에게 음식을 건네기까지 아무도 그런 사실을 몰랐습니다. 룻기 저자는 이 사실을 알고 있었지만 감추었던 것입니다. 이유가 무엇일까요?

아마도 룻이 남은 음식을 가져온 것은 그녀의 은밀한 마음이었음을 은연중 강조하려는 것 같습니다. 룻은 다른 사람에게 들키지 않도록 음식을 숨겼고, 룻기의 저자는 아무도 눈치 채지 못하도록 공개하지 않은 것입니다. 나오미를 향한 룻의 마음 씀씀이가 어떠한 것이었는지 엿볼 수 있게 합니다.

하나님은 감동을 만드신다

"시어머니가 그에게 이르되 오늘 어디서 주웠느냐 어디서 일을 하였느냐 너를 돌본 자에게 복이 있기를 원하노라 하니 룻이 누구에게서 일했는지를 시어머니에게 알게 하여 이르되 오늘 일하게 한 사람의 이름은 보아스니이다 하는지라."

Her mother-in-law asked her, "Where did you glean today? Where did you work? Blessed be the man who took notice of you!" Then Ruth told her mother-in-law about the one at whose place she had been working. "The name of the man I worked with today is Boaz," she said.

룻이 가지고 온 곡식과 음식을 보고 나오미가 놀랍니다. 흥분하는 기색이 역력합니다. 나오미는 같은 질문을 두 번 반복해서 합니다. "어디서 주웠느냐?" "어디서 일을 하였느냐?" 아마 베들레헴에 올라온 이후로 처음 있는 기쁜 일이 아니었을까 싶습니다.

나오미는 "너를 돌아본 자에게 복이 있으라"고 합니다. 여기에 '돌아보다'는 룻이 보아스에게 사용했던 단어였습니다. 2장 10절에서 룻은 보아스의 도움에 감사를 표하면서 "당신이 어찌하여 내게 은혜를 베푸시며 나를 돌아보시나이까"라고 했습니다. 나오미는 누군지 알지 못하는 상태에서 룻을 돌아보아 준 자에게 하나님의 복을 빌어줍니다.

나오미는 그렇게 많은 양의 곡식을 가져올 것으로는 예상치 못했을 것입니다. 며느리를 위험한 이삭줍기에 내보내고 나오미는 온종일 안절부절 못했을 것입니다. 하나님의 보호와 지켜주심을 간절히 기도했을 것입니다. 이삭줍기를 할 수 있는 기회가 주어지기나 할지, 곡식을 얼마나 주워 올지, 모든 것이 예측불허요 미지수였습니다. 그런데 나오미 앞에 나타난 룻의 손에 한 에바의 곡식이 들려 있습니다.

룻의 얼굴 표정을 본 나오미가 직감적으로 어떤 좋은 일이 일어났음을 알아챘을 것입니다. 하루 종일 염려했던 것이 모두 해소된 것입니다. 그들 모두 아침에 예상하지 못했던 일이 일어난 것입니다.

우리에게도 이런 일들이 일어납니다. 염려나 기대나 예상을 뛰어넘는 일이 일어납니다. 그럴 때 우리는 즉각적으로 깨달아야 합니다. 우리가 노력한 결과가 아니라 하나님께서 개입하신 결과란 사실을 알아야 합니다. 하나님은 우리의 예상과 예측을 벗어나는 감동을 주십니다. 이것이 하나님을 믿는 사람들의 기쁨이 아닐까 합니다.

룻이 상당한 양의 곡식을 가지고 온 것을 보는 즉시 나오미는 복을 빌어 줍니다. 나오미의 관점과 말투가 변했습니다. 자기에게 일어나는 일들을 하나님과 연관을 지어 생각하게 되었던 것입니다.

자신의 고난이 하나님의 징계임을 깨달은 이후 나오미의 관점과 말투가 바뀌었습니다. 매사를 하나님과 연관지어 생각하는 거룩한 습관이 생긴 것입니다.

룻이 보아스의 밭이었다고 말합니다. 룻이 보아스라는 이름을 누구에게서 들었는지 본문은 알려주지 않습니다. 아마도 소년 일꾼 가운데 한 명에게 밭주인이 누구신지 슬쩍 물어 보았던 것 같습니다.

드디어 보아스가 그들의 대화에 등장합니다. 룻과 나오미는 그 날 이전까지 보아스라는 인물을 전혀 주목하지 않았습니다. 그랬던 그들의 삶에 보아스가 불현 듯 등장한 것입니다. 하나님의 계획과 개입에 따른 것이란 사실이 은연중 드러나고 있습니다.

일상 속에서 하나님을 보는 눈이 열리다

"나오미가 자기 며느리에게 이르되 그가 여호와로부터 복 받기를 원하노라 그가 살아 있는 자와 죽은 자에게 은혜 베풀기를 그치지 아니하도다 하고"

"The Lord bless him!" Naomi said to her daughter-in-law. "He has not stopped showing his kindness to the living and the dead."

보아스란 이름이 나오미에게 여러 생각을 불러일으킵니다. 보아스라는 이름을 듣자 즉각적으로 반응을 보입니다. 보아스의 친절이 여호와 하나님께 칭찬받을 가치가 있는 행동이라고 말하며 하나님의 복이 그에게 임하시기를 기원합니다.

나오미는 많은 밭 가운데 하필 보아스의 밭에서 이삭줍기를 하게 된 일은 우연이 아니라 하나님의 인도하심이었음을 즉각적으로 감지합니다. 자신의 삶에 하나님이 개입하셨던 것처럼, 룻의 이삭줍기에 하나님이 개입하고 계셨음을 깨닫고 복을 빌어준 것입니다.

나오미는 하나님이 자기 가족을 결코 버리지 않으셨다는 사실을 깨닫습니다. 여기의 '산 자'는 자신과 룻을 가리킵니다. '죽은 자'는 남편 엘리멜렉과 두 아들 말론과 기룐입니다. 하나님이 자기 가족을 향한 은혜(hesed) 베풀기를 그치지 않으셨음을 드디어 알아차립니다.

이 말은 나오미의 하나님 인식이 한층 더 선명해졌고 깊어진 것을 보여줍니다. 룻기 1장 마지막 부분에 나오미가 베들레헴으로 올라올 때 가졌던 하나님 이해가 기록되어 있습니다.

"나를 나오미라 부르지 말고 나를 마라라 부르라 이는 전능자가 나를 심히 괴롭게 하셨음이니라 내가 풍족하게 나갔더니 여호와께서 내게 비어 돌아오게 하셨느니라 여호와께서 나를 징벌하셨고 전능자가 나를 괴롭게 하셨거늘 너희가 어찌 나를 나오미라 부르느냐."(1:20-21)

이전의 하나님 이해는 자신을 징계하신 하나님이었습니다. 그러나 여기에서는 자신의 가족을 버리신 적이 없는 헤세드, 신실하신 하나님입니다.

이제 나오미의 하나님 이해가 명확해졌습니다. 평범해 보이는 일상의 현실에서 하나님을 선명하게 볼 수 있는 눈이 열린 것입니다. 비로소 그녀의 가슴에 하나님을 향한 감사가 터져 나옵니다. 남편과 두 아들이 죽은 것도 징계의 차원을 넘어 하나님의 '헤세드'였다는 깊은 사실을 드디어 깨닫습니다.

하나님이 새로운 생각을 일으키신다

"나오미가 또 그에게 이르되 그 사람은 우리와 가까우니 우리 기업을 무를 자 중의 하나이니라 하니라"

She added, "That man is our close relative; he is one of our guardian-redeemers."

어쩌면 나오미는 보아스를 통해 자신의 집안 혈통을 잇도록 하시는 것은 아닐까 생각했을 것입니다. 이런 생각이 올라오면 영적인 전율을 느끼게 됩니다. 보아스라는 이름을 들었을 때 나오미는 순간적으로 보아스와 룻의 결혼 가능성을 떠올렸을지 모릅니다. 어쩌면 엘리멜렉에게 속해 있던 땅을 회복할 가능성까지 생각했을 수 있습니다.

보아스가 자기 집안의 가까운 친족이요 자기네 기업을 무를 자라고 말합니다. 나오미는 앞의 두 가지 사실을 언급한 다음에 잠시 무언가 더 생각을 했던 것 같습니다. "나오미가 또 그에게 이르되" 이 표현은 뭔가 더 떠오른 생각이 있어 룻에게 다시 말하는 것입니다.

나오미는 보아스의 이름을 듣자마자 자기네 기업 무를 것까지 생각이 미쳤던 것입니다. 기업 무를 자를 '고엘'(goel)이라고 합니다. 율법에는 '고엘'의 역할과 의무를 다양하게 규정하고 있습니다.

- 같은 지파에 속해 있는 사람이 경제적인 이유로 팔았던 땅을 다시 매입하여 되돌려 주는 일(레 25:48-49).
- 가난으로 인해 노예로 팔렸던 사람들을 회복시켜 주는 일(레 25:47-55).
- 자기 지파에 속한 사람을 죽인 살인자를 추적하여 원수를 갚아주는 일(민 35:12, 19-27; 신 19:6, 12; 수 20:2-3, 5, 9).
- 자기 지파에 속해 있던 사람이 죽었을 때 그를 죽인 사람이 지불한 보상금을 수령하는 일(수 5:8).
- 자기 지파에 속한 사람이 법정에 설 때 정의가 시행되도록 돕는 일(욥 19:25; 시 119:154; 잠 23:11; 렘 50:34; 애 3:58).

이들 다섯 분야에 공통되는 '고엘'의 역할은 '구속'입니다. 사람이나 재산을 원 상태로 되돌려주는 일입니다.

나오미는 인생에 서광이 비치는 것을 드디어 감지합니다. 구속의 때, 혹은 회복의 때가 문 앞에 다가 왔음을 느낀 것입니다.

나오미는 룻에게 보아스가 '우리의' 기업 무를 자라고 말합니다. 나오미는 룻을 완벽한 자신의 가족으로 여깁니다. 이스라엘의 '고엘'을 통해 주어지는 혜택을 누릴 자격을 소유한 자로 인정합니다. 룻이 하나님의 백성으로 편입될 자격이 충분히 있다는 사실을 진심으로 인정한 것입니다.

가능하지 않았던 일이 현실이 된다

"모압 여인 룻이 이르되 그가 내게 또 이르기를 내 추수를 다 마치기까지 너는 내 소년들에게 가까이 있으라 하더이다 하니"

Then Ruth the Moabite said, "He even said to me, 'Stay with my workers until they finish harvesting all my grain.'"

룻기의 저자는 여전히 룻을 '모압 여인'으로 언급합니다. 보아스가 이미 밭에서 이스라엘 공동체의 일원으로 대우해 주었고, 나오미도 '고엘'의 혜택을 누릴 자격이 있는 자로 인정한 마당에 새삼스럽게 룻을 '모압 여인'이라고 언급합니다.

여기에 특별한 의도가 엿보입니다. '모압 여인' 룻이 당당한 이스라엘 공동체의 일원이 되었음을 부각시키는 것입니다. 거의 있을 수 없는 일, 기대하기 어려운 일이 일어난 것입니다. 하나님의 개입이 그런 불가능한 일을 현실이 되게 해 주신 것입니다.

나오미가 흥분해서 한 말의 의미를 룻은 다 알아듣지 못한 것 같습니다. 나오미의 말을 다 들은 다음에 반응이 순진합니다. "그가 내게 또 이르기를 내 추수를 다 마치기까지 너는 내 소년들에게 가까이 있으라 하더이다." 이 말은, '그런데 그 분이 앞으로 계속 이삭을 주워도 좋다고 했습니다. 참 좋은 분 같습니다' 하는 취지의 말입니다.

룻은 그녀의 삶에 중요한 역할을 하게 될 사람, 그녀의 삶에 반전을 가져올 사람을 만났지만, 그것을 감지하지 못하고 있습니다.

우리도 종종 그런 경험을 합니다. 지금 내가 만나고 있는 사람 혹은 방금 만났던 사람이 내 삶에 결정적인 역할을 할 사람인지 깨닫지 못하고 지나칠 수 있습니다. 그렇기에 스쳐 지나면서 만나는 모든 사람에게 최선을 다해야 합니다. 그러면 하나님께서 기이한 방식으로 우리가 만난 사람들을 통해 역사해 주십니다.

룻은 추수가 끝날 때까지 이삭줍기를 허락해 주었다고 말합니다. 당시 추수는 대략 두 달 정도 지속되었습니다. 하루 주운 곡식의 양이 한 에바라고 할 때, 두 달 동안 이삭줍기를 하면 당분간 먹고 살 걱정은 하지 않아도 됩니다.

이삭을 줍는 두 달이라는 기간 동안 룻과 보아스가 자주 만날 수 있는 가능성이 있다는 암시도 들어있습니다. 룻은 앞으로 자신과 보아스 사이에 무슨 일이 일어날지 아무런 개념도 없습니다. 하지만 우리는 하나님의 개입하심으로 그들의 만남이 어떤 예기치 못한 반전을 가져올지 모른다는 묘한 긴장을 느끼게 됩니다.

하나님의 계획을 따라 사고(思考)하라

"나오미가 며느리 룻에게 이르되 내 딸아 너는 그의 소녀들과 함께 나가고 다른 밭에서 사람을 만나지 아니하는 것이 좋으니라 하는지라."

Naomi said to Ruth her daughter-in-law, "It will be good for you, my daughter, to go with the women who work for him, because in someone else's field you might be harmed."

나오미가 '내 딸아'라고 부릅니다. 어머니의 권위를 가지고 단호한 지시를 내리는 것입니다. 이 지시는 며느리의 안전을 위하는 시어머니의 애정이 듬뿍 담긴 것입니다. 물론 하나님이 개입하고 계신다는 사실을 감지한 사람의 충고입니다.

나오미는 룻에게 두 가지 사항을 지시합니다. 보아스와 다른 지시를 내립니다. 첫째는, 보아스는 자기 소년들과 함께 있으라고 했지만, 나오미는 보아스의 소녀들과 함께 있으라고 합니다. 이것은 나오미의 입장에서 뭔가 떠오른 생각이 있었기 때문입니다.

앞에서 살펴본 것처럼, 나오미는 이미 보아스가 자기네 기업을 무를 자 '고엘'이라는 사실을 염두에 둡니다. 보아스와 룻의 결혼 가능성을 예리하게 감지한 것이고 하나님의 개입이 있다는 영적인 낌새를 알아차린 것입니다.

그런 차원에서 나오미는 즉각적으로 룻이 다른 소년들 사이에서 두 달 가량 이삭줍기를 하는 것이 어떤 의미를 가지는지 깨닫습니다. 행여 소년들과 룻 사이에 연애감정이 생길 수 있는 가능성을 미리 차단하는 의미도 있습니다.

둘째는, 다른 밭에 가지 말라고 합니다. 룻도 다른 밭에 가는 것을 염두에 두고 있지 않습니다. 보아스도 룻에게 자기 밭에서만 이삭줍기를 하라고 말했습니다.

이것은 재차 주의를 주는 것입니다. 나오미는 불미스런 일을 미연에 방지하려고 합니다. 당시 이삭줍기를 할 때 그런 일들이 종종 일어났기 때문이었던 것 같습니다.

여기서 나오미가 사용한 동사인 '만나다'는 말로나 육체적으로 희롱하는 것을 의미합니다. 나오미는 룻의 안전에 만전을 기하고 있습니다.

나오미의 이 말은 시어머니의 쓸데없는 기우(杞憂)나 잔소리가 아닙니다. 나오미가 룻에게 주는 충고는 하나님이 무슨 일을 하고 계시는지 그 흐름을 읽고 주는 충고입니다. 룻기 후반에 가면 하나님의 계획이 분명히 드러납니다. 하나님의 계획에 차질이 빚어지지 않도록 하는 방책입니다.

인간적인 본분에 충실하라

"이에 룻이 보아스의 소녀들에게 가까이 있어서 보리 추수와 밀 추수를 마치기까지 이삭을 주우며 그의 시어머니와 함께 거주하니라."

So Ruth stayed close to the women of Boaz to glean until the barley and wheat harvests were finished. And she lived with her mother-in-law.

룻은 시어머니가 지시한 그대로 순종합니다. 보아스의 소녀들에게 가까이 있으면서 이삭줍기를 합니다. '밭의 사정은 내가 더 잘 압니다'는 식으로 교만하게 생각하지 않습니다. 자기의 경험과 지혜를 의지하지 않고 시어머니의 말에 그대로 순종합니다.

그리고 "보리 추수와 밀 추수를 마치기까지" 이삭을 주웠습니다. 룻의 이삭줍기는 첫날 상황의 반복이었을 것입니다. 새벽부터 저녁까지 쉬지 않고 이삭을 줍습니다.

보아스와 룻의 만남이 더 있었을 법 하기도 한데 아무런 언급이 없습니다. 룻이 이삭줍기를 하는 첫날 특별히 배려해 준 이후에도 룻에 대해 관심을 계속 갖고 있었을 것이 분명합니다. 사환과 일꾼들에게도 별도의 지시를 내렸을 것입니다. 그리고 본문에서 보아스가 사라집니다.

보아스가 일시적으로 모습을 감춘 것은 나중에 있을 만남을 위한 것이었습니다. 그러나 사환이나 다른 사람을 통해 룻과 나오미의 소식은 계속 접하고 있었을 것입니다. 직접 만남은 아니지만 보아스는 룻의 일상을 주목하고 있었을 것입니다. 룻에 관한 정보들을 계속 수집하고 일상을 파악하고 있었을 것입니다. 사람들이 눈앞에 보이지 않을 때 행동거지를 잘 해야 합니다.

하나님과 우리의 관계도 마찬가지입니다. 하나님은 우리 눈에 보이지 않지만 한 순간도 빠짐없이 우리를 주목하여 보고 계십니다. 우리의 일상의 삶의 모습을 모두 파악하고 계십니다. 이런 사실을 의식하고 일상에서 빈틈이나 흐트러짐이 없는 경건을 유지하며 살아야 합니다.

룻은 이삭줍기를 마친 다음 항상 집으로 돌아가 시어머니와 함께 지냅니다. 어머니와 함께 있겠다고 한 자신의 약속을 지킵니다. 함께 지냈다는 말은 룻이 시어머니와의 관계에서 최선을 다했고, 며느리의 본분에 충실했음을 의미합니다. 함께 자고 함께 일어나고 함께 식사하며 지낸 것입니다.

그들 사이에 어떤 대화가 오고 갔는지 알 길이 없습니다. 그러나 이제는 그들 사이에 소망의 언어가 회복되었을 것으로 짐작합니다. 그들 가정에 생기가 돌았을 것입니다. 하나님의 '헤세드'에 대한 확신이 그들의 마음에 큰 위로를 주었을 것입니다.

3부

축복의 길

하나님이 정하신 길

룻 3:1-5

¹ 룻의 시어머니 나오미가 그에게 이르되 내 딸아 내가 너를 위하여 안식할 곳을 구하여 너를 복되게 하여야 하지 않겠느냐 ² 네가 함께 하던 하녀들을 둔 보아스는 우리의 친족이 아니냐 보라 그가 오늘 밤에 타작 마당에서 보리를 까불리라 ³ 그런즉 너는 목욕하고 기름을 바르고 의복을 입고 타작 마당에 내려가서 그 사람이 먹고 마시기를 다 하기까지는 그에게 보이지 말고 ⁴ 그가 누울 때에 너는 그가 눕는 곳을 알았다가 들어가서 그의 발치 이불을 들고 거기 누우라 그가 네 할 일을 네게 알게 하리라 하니 ⁵ 룻이 시어머니에게 이르되 어머니의 말씀대로 내가 다 행하리이다 하니라.

마음을 다하면 사람이 움직인다

"룻의 시어머니 나오미가 그에게 이르되"
One day Ruth's mother-in-law Naomi said to her,

2장 마지막 절과 3장 1절 사이에 어느 정도 시간이 흐른 것으로 보입니다. 룻이 이삭줍기를 한지 여러 날 지난 것 같습니다.

그 사이 나오미에게 변화가 일어납니다. 나오미가 처음으로 직접 나서서 룻을 위해 움직입니다. 2장 마지막 절과 3장 1절 사이에 나오미가 정보를 알아보고 드디어 며느리에게 지침을 줍니다.

룻의 정성이 나오미를 움직이게 만든 것입니다. 나오미는 며느리 룻의 정성에 깊은 감동을 받은 것이 분명합니다.

룻은 도시 아가씨였지만 밭에 나가 힘든 노동을 마다하지 않았고, 남은 음식을 시어머니에게 가져다주는 정성도 보였습니다. 추수 기간 동안 밭 근처 숙소에 머물 수도 있었지만, 매일 시어머니 처소로 돌아옵니다.

이러한 룻의 갸륵한 마음이 시어머니를 감동시키고 나오미를 움직이게 만듭니다.

첫째, 나오미가 감동합니다.

룻을 위하여 무엇을 해줄까 숙고를 한 것 같습니다. 드디어 나오미가 외출합니다. 남들의 시선을 의식하지 않고 과감하게 일어섭니다. 이렇게 앉아 있지만 말고 며느리를 위해 뭔가 해야 겠다고 결심한 것입니다. 그것은 룻과 보아스의 결혼 주선입니다. 나오미가 정보를 수집하러 외출합니다. 나오미가 감동을 받지 않고서는 가능한 일이 아닙니다.

둘째, 나오미의 삶에 생기가 돕니다.

베들레헴에 돌아 온 이후 나오미의 삶은 앞이 보이지 않는 터널 속에 있었습니다. 장래 계획도 없었습니다. 할 수 있는 일이 고작 이삭줍기뿐이었습니다. 그런데 나오미에게 계획이 생깁니다. 구체적인 계획이 생겨 외출한 것입니다. 나오미가 생기를 되찾은 모습을 보입니다.

셋째, 나오미에게 비전(vision)이 생깁니다.

이제까지 없었던 생각이 떠오르고 새로운 그림이 그려집니다. 즉, 룻과 보아스가 결혼하는 그림입니다. 그 그림에 대한 비전이 나오미를 바쁘게 만듭니다.

룻의 정성이 나오미를 살아나게 만들었습니다. 생기가 돌아오고, 며느리를 위한 비전을 품고, 그 비전을 이루고자 용기를 내어 움직입니다.

룻은 시어머니를 위해 정성을 다하고, 나오미는 룻을 위하여 움직입니다. 선(善)이 선을 낳고, 정성이 정성을 낳고, 진심이 진심을 낳는다는 사실을 재확인하게 됩니다.

하나님은 사람을 통해 일하신다

"내 딸아 내가 너를 위하여 안식할 곳을 구하여 너를 복되게 하여야 하지 않겠느냐"

My daughter, I must find a home for you, where you will be well provided for.

룻에 대한 나오미의 마음이 얼마나 애절한가 알 수 있습니다.

"내가 너를 위하여"

나오미는 지금 다른 사람의 복지를 생각할 여유가 없는 사람입니다. 집안은 몰락했고, 앞날을 생각하면 잠도 오지 않을 지경이었습니다. 그런 나오미에게 룻을 위하는 마음이 솟아납니다.

나오미는 룻과 함께 보다 나은 삶을 위해 이런 일을 계획한 것이 아닙니다. "우리를 위하여"가 아니라 "너를 위하여"라고 합니다. 나오미는 며느리의 안식과 안전에 온통 마음을 씁니다. 나오미의 영이 살아났기에 가능한 일입니다. 다른 사람을 생각하는 마음이 살아났습니다.

나오미는 룻이 안식할 곳을 염두에 둡니다. 여기에 '안식'은 '안전'으로 번역하는 것이 더 정확합니다. '안식' 혹은 '안전'은 지금 룻에게 가장 필요한 것입니다. '안식'은 '항구적인 거처'를 의미하며, 직설적으로는 '가정과 남편'을 의미합니다.

당시 사회에서 소녀 과부인 룻의 안전은 유력한 사람과의 결혼을 통해 확보될 수 있습니다. 결혼을 통해 항구적인 거처를 마련하는 것이 고대 사회의 형편이었습니다. 나오미가 '안식'을 언급할 때 룻은 시어머니가 결혼을 말하는 것으로 이해했을 것입니다. "너로 복되게 하여야 하지 않겠느냐"고 하는 말은 나오미가 직접 나서겠다는 뜻입니다.

나오미가 두 며느리들에게 가족의 품으로 돌아가라고 할 때, 하나님이 그들 각자에게 "남편의 집에서 평안함을 얻게 하시기를 원한다"(1:8-9)고 했습니다. 며느리들의 재혼을 염두에 둔 말이었습니다. 그런데 이제 나오미가 나서서 며느리의 결혼을 은밀하게 추진합니다.

전에는 하나님께 룻의 결혼을 주선해 주시도록 기원했는데, 이제는 나오미 자신이 룻의 결혼을 발 벗고 나섭니다. 하나님이 하실 일을 나오미가 대신하는 모습입니다. 사실은 나오미를 통해 하나님이 행하시는 것입니다.

결혼을 통한 안전 확보는 성도와 그리스도의 관계를 상징적으로 보여줍니다. 성경에서 성도는 예수 그리스도의 신부로 묘사되는데, 성도들의 진정한 안식은 신랑이신 예수 그리스도 안에서 얻을 수 있습니다.

우리는 하루 앞도 내다보지 못합니다. 우리의 안전에 대해 장담할 수 없습니다. 안전은 오직 예수 안에서만 확보될 수 있습니다. 이 세상을 사는 동안 예수님 안에서 안전을 누릴 수 있습니다.

나오미가 말한 "너로 복되게 하여야 하지 않겠니?"라는 말은 그 일은 반드시 되도록 하겠다는 의지를 피력한 것입니다. 룻의 '선한 행동'(hesed)을 이제는 자신의 선한 행동으로 갚겠다는 의무감을 드러낸 것입니다. 나오미의 마음에 거룩한 부담이 일어난 것입니다.

적극적인 행동이 하나님의 일을 이룬다

"네가 함께 하던 하녀들을 둔 보아스는 우리의 친족이 아니냐 보라 그가 오늘 밤에 타작 마당에서 보리를 까불리라."

Now Boaz, with whose women you have worked, is a relative of ours. Tonight he will be winnowing barley on the threshing floor.

나오미는 보아스가 가까운 친족이란 사실을 환기시킵니다. "우리의 친족"이란 말은 나오미가 룻을 가족의 일원으로 여기는 애정이 담긴 표현입니다. '가까운 친족'인 보아스가 소녀 과부인 룻에게 지속적인 친절을 보인 행위가 나오미에게 시사하는 바가 컸을 것입니다. 보아스의 친절이 나오미에게 아이디어를 준 것입니다.

룻과 보아스의 첫 만남은 막후에 계시는 하나님의 개입을 통해 이루어진 것이지만 현실에서는 아주 우연한 일처럼 보였습니다. 여기서는 나오미의 의도성이 드러나고 치밀한 작전이 가동되고 있습니다.

  룻과 보아스의 결혼까지 되어진 일은 모두 하나님의 계획안에서 진행되어집니다. 하지만 그 과정에 사람의 역할이 있습니다. 나오미가 여성의 촉(sensitivity)을 총동원하고 세밀한 계획을 세운 것도 하나님의 개입의 결과입니다.

  이 장면에서 주목해야 할 또 한 측면은 나오미가 보아스를 선택한 일입니다. 보아스가 '기업 무를 자'의 첫 번째는 아니었습니다. 단순히 '기업 무를 자'를 찾아 끊어진 가문의 혈통을 이어가는 것이 문제였다면 우선 '기업 무를 자'의 첫 번째 순번이 되는 사람을 찾았어야 합니다.

  나오미는 그렇게 하지 않습니다. 보아스를 선택합니다. 첫 번째 순위에 있는 사람 보다 두 번째 순위에 있던 보아스가 더 좋다고 판단한 것입니다.

  결과적으로 보아스가 나오미의 선택을 받은 것입니다. 보아스가 먼저 어떤 행동을 취하거나 제안할 수 있는 입장은 아니었습니다. 나중에 보아스 자신의 입으로 말하지만, 보아스는 룻을 아내로 취하기에는 나이도 너무 많다고 생각했습니다.

  나오미는 보아스의 일정까지 자세히 확인합니다. 나오미가 어떻게 보아스의 일정을 그렇게 자세하게 파악했는지 알 수 없지만, 보아스의 일정을 자세히 알고 있었습니다.

타작은 추수의 막바지에 하는 것으로 타작으로 추수가 마무리됩니다. 그래서 타작은 추수에서 가장 즐겁고 축제적인 분위기에서 이루어집니다.

보아스가 다른 일꾼들과 함께 타작마당에서 잠을 자는지 알수 없지만 아마도 그랬던 것 같습니다. 타작하는 큰 행사를 치루는 날이면 밤이 늦도록 축제적인 분위기에서 일꾼들 모두 타작마당에 머물러 있을 것입니다.

나오미가 '오늘 밤'을 강조합니다. 일꾼들 전체가 모여 타작을 하는 날로 잡는데, 그 날이 바로 '오늘 밤'이라는 것입니다. 룻을 위해 발 벗고 나선 나오미의 적극적이고 긴장된 모습이 눈에 선합니다.

인간 편에서 결단해야 할 때가 있다

"그런즉 너는 목욕하고 기름을 바르고 의복을 입고 타작마당에 내려가서 그 사람이 먹고 마시기를 다하기까지는 그에게 보이지 말고 그가 누울 때에 너는 그가 눕는 곳을 알았다가 들어가서 그의 발치 이불을 들고 거기 누우라"

Wash, put on perfume, and get dressed in your best clothes. Then go down to the threshing floor, but don't let him know you are there until he has finished eating and drinking. When he lies down, note the place where he is lying. Then go and uncover his feet and lie down.

이제 나오미가 룻에게 어떻게 할지 자세히 지시합니다. 먼저 룻에게 몸단장을 하라고 합니다.

"목욕하고 기름을 바르고 의복을 입으라."

룻에게 아름답고 매력적으로 단장하라고 합니다. 여기에 사용된 용어는 신부 치장과 흡사합니다. 목욕을 하고, 향수를 바르고, 예쁜 옷을 입고 준비하는 것입니다.

룻도 시어머니의 이런 지시가 무엇을 의미하는지 눈치 챘을 것입니다. 요즈음에야 아무 때나 샤워도 하고 목욕도 할 수 있지만, 고대 사회에서는 그것이 용이한 일이 아니었습니다. 특별히 정성을 들이고 공을 들여서 몸단장을 하라고 합니다. 여기에는 과부로서의 과거를 털고 일어나 새로운 삶을 시작할 준비를 하라는 의미도 담겨 있습니다.

"타작마당에 내려가서 그 사람이 먹고 마시기를 다 하기까지는 그에게 보이지 말고"

그렇게 준비하고 타작마당으로 가라고 합니다. 보아스가 일꾼들과 저녁 식사를 할 때 먼발치에서 관망만 하되 그 앞에 나타나지는 말라고 당부합니다. 룻이 그곳에 왔다는 사실을 보아스가 알아도 곤란하고, 다른 사람이 보고 보아스에게 알려도 안 된다는 것입니다. 보아스는 룻이 그곳에 온 사실을 전혀 몰라야 한다고 합니다.

나오미는 여기에서 보아스라는 이름을 사용하지 않고 '그 남자'(the man)라는 표현을 사용합니다. 룻이 몸을 단장하고 가는 것은 '그 남자'를 만나기 위한 것이요 소위 '남녀 관계'에 관한 것임을 암시해 줍니다.

룻은 보아스가 저녁 식사를 하기 전에 타작마당 근처에 도착해 있어야 합니다. 식사 시간 내내 몸을 숨기고 있어야 하는 것입니다. 뿐만 아니라 그의 일거수일투족을 놓치지 않고 지켜보다가 보아스가 잠을 자는 장소를 주목해 보라고 합니다. 그리고 보아스의 잠자리로 들어가라고 지시합니다.

"그가 누울 때에 너는 그가 눕는 곳을 알았다가 들어가서 그의 발치 이불을 들고 거기 누우라."

여기에 사용된 용어들은 당시 사람들에게 범상하게 들리지 않았을 것입니다. 왜냐하면 이 표현들이 성적(性的)인 관계를 묘사하는 것이기 때문입니다.

아마 당시 독자들은 이 대목에 대해 조금 선정적이라는 반응을 보였을지 모릅니다. 보아스가 유혹을 받기 쉬운 밤 시간에 고혹적인 모습으로 잠자리로 들어가라고 지시한 것입니다.

룻에게 보아스와 잠자리를 같이하라고 지시하는 이유는 무엇일까요? 룻과 보아스를 결혼시키는 일이라면 차라리 낮에 보아스를 찾아가 정식으로 제안하는 것이 더 바람직하지 않았을까요? 아니면 동네의 장로들을 찾아가 룻의 혼사 문제를 의논할 수도 있었을 것입니다. 그런데 그렇게 하지 않았습니다.

나오미 가족의 '고엘' 즉 기업 무를 자에게 의무 이행을 요청할 수도 있었을 것입니다. 아무도 선뜻 나선 사람도 없었습니다. 그 이유가 무엇인지 알 수 없습니다. 룻이 모압 여인이었기 때문에 그랬을 것으로 짐작해 봅니다. 룻이 유대인이었다면 사정은 달랐을 것입니다. 이방 여인을 아내로 맞이하는 일은 아무리 '기업 무를 자'의 의무라 해도 선뜻 나서기 꺼려지는 일이었을 것입니다. 나오미는 그런 저간의 사정을 두루 고려하여 가능한 조치를 취한 것입니다.

한 밤중에 룻을 보내는 것이 돌파구 마련을 위한 유일한 방책이었지만, 그것은 매우 위험한 계획이 아닐 수 없습니다. 만일 보아스가 룻의 접근을 불순하게 여기고 불쾌한 반응을 보인다면 일을 완전히 그르치고 맙니다. 룻에 대해 가졌던 좋은 이미지에 먹칠하는 것이고, 베들레헴에서의 룻의 삶은 훨씬 더 어려워지게 될 것입니다.

이런 정황을 생각하면 나오미는 결단의 여인인 것 같습니다. 나오미는 위험부담이 있다 해도 저돌적으로 추진합니다. 과감하게 실행에 옮깁니다.

하나님의 개입이 분명하고 하나님의 인도하심을 확신한다 해도 인간적으로 위험을 감수해야 할 경우가 있습니다. 계획을 진행하면서 '행여 일이 꼬여 잘못되기라도 하면 어떡하지' 하는 불안한 마음도 극복해야 합니다.

이 순간은 나오미와 룻에게 가장 중요한 결단의 순간이요 긴장을 느낀 순간이었을 것입니다. 그들이 긴장을 이기지 못해 계획을 포기했다면 행복한 결말은 없었을 것입니다. 룻과 나오미의 인생 반전은 일어나지 않았을 것입니다. 하지만 그들은 불순해 보이는 계획을 단호하게 실행에 옮깁니다.

끝까지 하나님을 신뢰하라

"그가 네 할 일을 네게 알게 하리라 하니"
He will tell you what to do.

나오미나 룻 모두 고민되었을 것입니다. 나오미도 룻을 보아스의 잠자리에 보내는 일이 쉬운 결정은 아니었을 것입니다.

룻과 보아스의 결혼이라는 그림은 그렸지만, 그것이 진정 하나님의 뜻인지 확인받기 원했을 것입니다. 하나님의 개입으로 이루어지는 일이지만 그 과정에 인간의 고민과 번민과 긴장이 있음을 알아야 합니다.

고민과 번민과 긴장은 자연스런 현상입니다. 고민이 된다고 하여 그것이 하나님의 뜻과 어긋나는 징조로 볼 수 없습니다. 하나님은 우리의 고민과 번민과 긴장을 사용하셔서 역사하시기 때문입니다.

나오미는 두 가지 가능성을 염두에 두었을 것입니다. (1)보아스가 동침을 하지만 룻을 알아보지 못하는 경우 (2)보아스가 룻을 알아보고 필요한 조치를 취하는 경우입니다.

첫째, 나오미는 어쩌면 창세기 38장에 기록된 다말의 경우를 염두에 두었을지 모릅니다.

과부가 된 다말이 시아버지인 유다에게 접근하여 자신을 창녀로 속이고 동침을 합니다. 그리고 아이를 잉태한 후 시아버지께 약속을 지키도록 요구합니다.

보아스도 밤 깊은 시각에 자기 곁에 누운 여인과 동침을 할 가능성이 충분히 있습니다. 보아스가 평소 그렇게 행동할 사람이 아니라고 해도 가능성이 농후한 시나리오입니다. 룻이 철저하게 몸단장을 하고 보아스에게 들어가는 것이기 때문입니다. 룻이 목욕하고 향수를 바르고 매력적인 옷을 입고 들어가기 때문에 충분히 유혹될 수 있었을 것입니다. 실제로 일이 그렇게 진행되면, 보아스가 룻과 잠자리를 함께 한 사실을 알고 뭔가 조치를 취하지 않을 수 없게 됩니다.

둘째, 보아스가 룻의 의도를 간파하고 순리에 따라 일을 진행할 것을 기대했을 수 있습니다.

보아스는 '기업 무를 자'의 의무가 무엇인지, 자신은 기업 무를 자의 서열에서 첫 번째가 아님을 잘 알고 있을 것입니다. 보아스의 인품과 신앙을 고려할 때, 나오미는 그가 가볍게 행동할 사람이 아님을 파악한 것입니다. 우선 몸단장을 통해 룻이 결혼할 의사가 있음을 전달하는 것이 필요했기 때문에 한밤중에 잠자리에 들어가도록 했던 것입니다.

"그가 네 할 일을 네게 알게 하리라" 하는 나오미의 말은 보아스에 대한 신뢰와 더불어 하나님에 대한 신뢰를 보여줍니다. 왜냐하면 이 말은 '하나님께 맡깁니다'는 뜻으로 풀 수 있기 때문입니다.

하나님이 정하신 길로 간다

"룻이 시어머니에게 이르되 어머니의 말씀대로 내가 다 행하리이다 하니라."

"I will do whatever you say," Ruth answered.

룻의 반응이 간단명료합니다. 무조건 순종하겠다고 합니다. 여기의 '말씀하다'는 '명령하다'는 뜻입니다. 룻은 자기의 의견을 제시하지 않습니다. 간단하게 '그렇게 하겠습니다'라고 답변합니다.

룻기 1장에서 고향으로 돌아가라는 시어머니의 말에 반발했던 룻이지만 여기서는 전혀 반발의 기색이 없이 순종합니다. 룻이 시어머니의 의도를 정확히 알고 있었기 때문인 것 같습니다. 룻은 시어머니가 자기를 위해 그런 계획을 세웠음을 잘 알고 있었습니다.

룻은 시어머니의 계획이 하나님이 정하신 길임을 깨닫습니다. '왜 그렇게 나이가 많은 사람과 맺어주려고 하는지' 항변하지 않습니다. '그 계획이 최선의 방책인지 재고해 줄 수 없겠느냐'고 질문하지도 않았습니다. 무조건 "예" 하고 순응합니다.

룻은 '기업 무를 자'에 대해 잘 알고 있었습니다. 룻은 자기가 보아스와 결혼하여 가문을 이어가려고 생각했을 것입니다. 시어머니의 애정 어린 계획에 순종하지만, 실상은 가문을 일으키기 위해 자기를 희생하는 의미도 있었던 것입니다. 룻은 하나님이 율법에 정하신 규례를 따라 묵묵히 순종합니다. 하나님이 정하신 길을 따라 순종하는 룻의 삶에 하나님의 은혜가 임하실 것은 자명한 일이 아닐 수 없습니다.

하나님의 축복 방식
– 헤세드의 실천

룻 3:6-13

⁶ 그가 타작 마당으로 내려가서 시어머니의 명령대로 다 하니라 ⁷ 보아스가 먹고 마시고 마음이 즐거워 가서 곡식 단 더미의 끝에 눕는지라 룻이 가만히 가서 그의 발치 이불을 들고 거기 누웠더라 ⁸ 밤중에 그가 놀라 몸을 돌이켜 본즉 한 여인이 자기 발치에 누워 있는지라 ⁹ 이르되 네가 누구냐 하니 대답하되 나는 당신의 여종 룻이오니 당신의 옷자락을 펴 당신의 여종을 덮으소서 이는 당신이 기업을 무를 자가 됨이니이다 하니 ¹⁰ 그가 이르되 내 딸아 여호와께서 네게 복 주시기를 원하노라 네가 가난하건 부하건 젊은 자를 따르지 아니하였으니 네가 베푼 인애가 처음보다 나중이 더하도다 ¹¹ 그리고 이제 내 딸아 두려워하지 말라 내가 네 말대로 네게 다 행하리라 네가 현숙한 여자인 줄을 나의 성읍 백성이 다 아느니라 ¹² 참으로 나는 기업을 무를 자이나 기업 무를 자로서

나보다 더 가까운 사람이 있으니 [13] 이 밤에 여기서 머무르라 아침에 그가 기업 무를 자의 책임을 네게 이행하려 하면 좋으니 그가 그 기업 무를 자의 책임을 행할 것이니라 만일 그가 기업 무를 자의 책임을 네게 이행하기를 기뻐하지 아니하면 여호와께서 살아 계심을 두고 맹세하노니 내가 기업 무를 자의 책임을 네게 이행하리라 아침까지 누워 있을지니라 하는지라.

누구나
이삭줍기 할 때가 있다

주변 일들의 경중을 살피라

"그가 타작 마당으로 내려가서 시어머니의 명령대로 다 하니라."

So she went down to the threshing floor and did every-thing her mother-in-law told her to do.

본문이 주목하는 사항은 다음과 같습니다.

첫째, 룻은 전적으로 순종했습니다.

룻은 나오미가 지시한 그대로 순종합니다. 룻이 오해를 할 수 있는 여지는 충분히 있었습니다. 나이가 많은 사람과의 결혼은 유쾌한 일은 아니었을 것입니다. 시어머니의 의도에 서운하게 생각할 여지도 있었습니다. 룻은 나오미의 마음을 알았습니다.

다른 사람의 마음을 그대로 알아주기란 그리 쉬운 일이 아닙니다. 사도 바울은 골로새서 1장 8절에서 '에바브라가 성령 안에서 너희 사랑을 내게 알려주었다'고 합니다. 성령 안에서 다른 사람들을 이해할 수 있다는 말입니다. 성령 안에서 다른 사람들을 이해하지 않으면 오해가 생길 수 있습니다.

룻이 시어머니의 명(命)에 전적으로 순종할 수 있었던 것은 성령 안에서 시어머니를 이해했기 때문입니다. 시어머니의 의도에 대해 한 줌의 의혹도 없었기에 가능한 일이었습니다.

둘째, 룻의 준비상태 보다는 룻의 이동에 더 주목합니다.

룻이 어떻게 몸치장을 했는지, 어떻게 정성스레 준비를 했는지 아무런 설명도 없습니다. 룻의 준비 과정에 지면을 할애할 필요가 없다는 뜻입니다. 그 보다는 룻과 보아스의 만남에 초점을 맞추고 있습니다.

룻기의 저자는 우리의 관심을 어디에 두어야 하는지 잘 가르치고 있습니다. 룻의 인생에서 그리고 하나님의 계획의 흐름 속에서 무엇이 핵심인지 바로 인식해야 한다는 것입니다.

우리도 삶의 경중을 잘 살펴야 합니다. 그것은 영적 안목을 높이는데 도움이 됩니다. 하나님의 뜻과 거리가 있는 일들과 현상들은 보지도 않고 듣지도 않고 말하지도 않는 훈련이 필요합니다.

셋째, 룻은 나오미의 말을 명으로 받았습니다.

여기에 사용된 '명'(命)이란 용어에 주목해야 합니다. 이 용어는 룻이 시어머니의 명령을 그 때 그 상황에 주어지는 하나님의 명으로 받았음을 암시합니다. 그랬기 때문에 룻 자신의 인간적인 생각을 억제하고 순종할 수 있었을 것입니다.

이처럼 때로 하나님의 명은 주위 사람들과의 관계를 통해 주어집니다. 주위 사람들과 대화 하는 중에 '하나님의 명령'이라는 느낌을 받을 때가 있습니다. 주위 사람들이 무심코 던지는 말 속에서 그런 느낌을 받습니다. 그런 경우에는 순종해야 합니다.

하나님은 인생의 연출자

"보아스가 먹고 마시고 마음이 즐거워 가서 곡식 단 더미의 끝에 눕는지라 룻이 가만히 가서 그의 발치 이불을 들고 거기 누웠더라."

When Boaz had finished eating and drinking and was in good spirits, he went over to lie down at the far end of the grain pile. Ruth approached quietly, uncovered his feet and lay down.

보아스가 추수를 마치고 저녁 식사를 합니다. 마음이 즐거워 잠자리로 이동합니다. 여기에 '갔다'는 동사는 장소 이동을 시사하는 것으로, 저녁 식사를 했던 장소에서 떨어져 있는 곳으로 간 것입니다.

'곡식 단 더미'는 이미 타작이 끝나고 판매하거나 혹은 사용할 준비가 되어 있는 상태를 의미합니다. 그런데 여기에 정관사 '그'(the)가 사용되고 있습니다. 즉, '그' 곡식 단 더미라는 의미가 됩니다. 사람들은 그 장소가 어디를 의미하는지 아는 것입니다. 타작마당은 일꾼들이 자는 공간이었다면, '그' 곡식 단 더미는 어느 정도 떨어져 있는 밭주인 보아스의 잠자리를 의미합니다.

보아스가 그 곳을 잠자리로 정한 것은 하나님의 섭리적 간섭입니다. 타작마당 끝 부분에서 잠을 자면 룻이 쉽게 접근할 수 있고 다른 사람들의 이목을 피할 수 있기 때문입니다. 룻은 숨어서 보아스가 어느 장소에서 잠을 청하는지 주목해 보고 있었습니다.

만일 보아스가 다른 일꾼들 틈에 끼여 잠을 잤다면 룻이 매우 난감했을 것입니다. 룻이 접근해 갈 때 다른 사람들도 깰 수 있기 때문입니다. 그러나 보아스는 다른 일꾼들과 떨어져 타작마당 가장자리에 잠자리를 정합니다.

보아스가 잠이 듭니다. 한참 시간이 흐른 후에 룻이 이동합니다. 그 사이에 룻은 보아스의 일거수일투족을 유심히 살피고 있었습니다. 보아스가 확실하게 잠든 것을 확인하고 가만히 '그 남자'의 발치 이불을 들고 그곳에 눕습니다. 남들이 알아채지 못하게 조심해서 갑니다.

룻은 잠든 보아스를 깨우려고 하지 않았습니다. 다른 사람들에게 들키지 않으려는 의도도 있지만, 보아스가 잠에서 깨지 않도록 가만히 접근한 것입니다. 룻은 보아스의 발치에 누워 보아스가 저절로 깰 때까지 무작정 기다립니다.

보아스는 타작이 끝나서 행복하게 잠자리에 들었지만, 행복하지 않은 부분도 있었을 것입니다. 노적가리 곁에 누워 잠을 청해야 하는 자신의 처지를 생각했을 것입니다. 아내가 없기 때문입니다. 아마 그래서 집으로 가지 않았던 것 같습니다.

잠자리에 들면서 '내게도 아내가 있으면 좋겠다. 룻처럼 현숙한 여인이면 얼마나 좋겠나. 그러나 어림도 없는 일이지' 이런 생각을 했을 수 있습니다. 나오미가 잠이 든 다음에 접근하라고 지시를 한 것도 아마 그런 보아스의 심리를 헤아렸기 때문이 아닐까 합니다.

보아스는 누군가 숨어 자기의 모든 행동을 지켜보고 있을 것이라고는 꿈에도 생각지 못했을 겁니다. 보아스가 아무런 낌새도 알아차리지 못하는 사이에 보아스가 주목의 대상이 됩니다. 룻과 룻기의 저자, 그리고 룻기 독자들은 모두 보아스의 움직임에 시선을 집중합니다. 물론 이 장면에서 하나님의 시선도 보아스를 향하고 계십니다.

이 장면을 읽으면서 우리는 보아스가 즐거운 마음 상태가 된 것, 타작마당 끝 부분에 잠자리를 정한 것, 룻이 슬며시 들어와 누운 것, 보아스가 잠에서 깨기를 무작정 기다린 것 등 상황 전개가 자연스럽게 이루어지고 있음을 봅니다.

하나님께서도 이 모습을 지켜보고 계신다는 생각을 하게 됩니다. 하나님이 배후 연출자로 개입하고 계심을 감지합니다.

하나님이 응답하시는 방식

"밤중에 그가 놀라 몸을 돌이켜 본즉 한 여인이 자기 발치에 누워 있는지라."

In the middle of the night something startled the man; he turned – and there was a woman lying at his feet!

룻이 보아스의 발치에 누운 다음 얼마간 시간이 흐릅니다.

여기의 "밤중에"는 '자정 무렵'입니다. 성경에서는 종종 자정 무렵에 중요한 사건들이 일어나곤 합니다.

하나님이 애굽의 장자를 치신 시간이 자정이고(출 12:29), 야곱이 천사와 얍복강가에서 씨름을 했던 것도 자정이며(창 32:23-32), 삼손이 성의 문짝들을 빼어 들고 가사(Gaza)에 매복해 있던 사람들을 피했던 시간도(사 16:3), 욥의 친구 엘리후가 말한 것처럼 사람이 죽음에 떨어지는 시간도(욥 34:20), 열 처녀에게 신랑이 나타난 시간도 모두 자정이었습니다(마 25:1-13).

보아스도 자정 무렵에 잠에서 깨어납니다. 보아스는 '놀라고' '몸을 돌이킵니다.' 룻이 이불을 들추고 눕는 바람에 발에서 밤공기의 냉기가 느껴졌고 그래서 잠에서 깨었을 수 있습니다. 또한 발에 무언가 닿는 느낌이 들어 잠을 깼는지도 모릅니다.

한밤중에 낯선 사람이 발치에 누워 있으니 얼마나 놀랐겠습니까? 그리고 몸을 돌이킵니다. 우리식으로 표현하면 화들짝 놀라 잠에서 깼고 정신이 번쩍 들었던 것입니다.

보아스가 깨어 보니 한 사람이 자기 발치에 있었습니다. 즉각적으로 여인임을 알아봅니다. 한밤중에 외떨어진 장소에서 묘령의 여인과 마주하게 된 것입니다. 매우 긴장되고 당혹스런 순간이었을 것입니다.

보아스에게 전혀 예상하지 못했고 기대하지 못한 일이 '임한' 것입니다. 그 묘령의 여인이 룻이라는 사실을 알고 난 뒤 보아스는 아마 기이한 느낌을 가졌을 수 있습니다. 룻에 대해 남

모르게 품었던 생각이 현실로 나타났다고 생각하지 않았을까 추측해 봅니다. 그랬을 개연성도 배제할 수 없겠다는 생각이 듭니다.

하나님의 '오심'은 종종 이렇게 임하십니다. 우리 마음속에 은밀히 감추고 있던 일이 어느 날 갑자기 현실로 다가옵니다. 우리가 마음으로 바라던 사항이 졸지에 응답되는 것입니다. 우리가 부르는 찬양 가사 중에 '하나님은 우리의 신음에도 응답하신다'는 구절이 있습니다.

룻이 한밤중에 자기에게 온 것을 보고 보아스는 자기 마음에 아무도 몰래 은밀하게 품었던 생각에 하나님이 응답하신 것으로 생각했을 수 있습니다.

하나님의 헤세드를 실천하라

"이르되 네가 누구냐 하니 대답하되 나는 당신의 여종 룻이오니 당신의 옷자락을 펴 당신의 여종을 덮으소서 이는 당신이 기업을 무를 자가 됨이니이다 하니"

"Who are you?" he asked. "I am your servant Ruth," she said. "Spread the corner of your garment over me, since you are a guardian-redeemer of our family."

보아스는 처음에 그 여인이 룻이라는 것을 알아보지 못했습니다. 한밤중이라 바로 식별되지 않았기 때문이기도 하고, 룻이 그렇게 몸단장을 한 모습을 본적이 없었기 때문이기도 했을 것입니다.

보아스는 '네가 누구냐'라고 묻습니다. 룻이 세 가지로 대답합니다. (1) 당신의 시녀 룻입니다. (2) 당신의 옷자락으로 시녀를 덮으시기 바랍니다. (3) 당신은 우리 기업을 무를 자입니다.

우선 룻은 자신의 정체를 밝힙니다. '당신의 시녀'라고 합니다. 이삭을 줍던 밭에서 만났을 때에도 '당신의 종'으로 자신을 소개했는데, 여기서 사용한 용어는 그녀가 2장 13절에서 사용했던 단어와 달리 '유대인의 아내 혹은 첩이 될 수 있는 여자'라는 의미를 가지고 있습니다.

룻이 이렇게 자기를 소개한 것은 의도적입니다. 이삭줍기를 하는 여인과 밭주인의 관계로 온 것이 아니라, 결혼 대상으로 그를 찾아 왔다고 밝힌 것입니다.

그 다음에 룻은 "당신의 옷자락을 펴 당신의 여종을 덮으소서"라고 대답합니다. 여기서 '옷자락'은 문자적으로 해석하면 '날개'라는 뜻으로 보아스가 이 단어를 사용해서 룻에게 말한 적이 있습니다. "이스라엘의 하나님 여호와께서 그 날개 아래 보호를 받으러 온 네게 온전한 상 주시기를 원하노라"(2:12).

이 말은 '당신과 결혼하겠습니다'는 히브리어 숙어입니다 (겔 16:8). 옷자락을 덮는 그림은 남자가 여자를 보호하는 것이며 동시에 성적인 관계를 상징합니다. 결과적으로 보아스 자신이 기원한 내용을 보아스가 실행하도록 요구한 것입니다. 보아스가 옷자락으로 자기를 덮는 것이 하나님 여호와께서 날개 아래 보호하시는 것이라는 전제가 깔려 있습니다.

마지막으로 보아스가 자기와 결혼을 해야 하는 이유를 밝힙니다. 보아스가 자신과 '고엘' 관계라는 것을 말합니다. 일체 아는 척을 하지 않았지만 룻은 '고엘'에 대해 전부 알고 있었던 것입니다.

'고엘'에게는 여러 의무가 있지만, 남편을 잃은 여인과 결혼하는 사항은 포함되어 있지 않습니다. 물론 구약 율법에는 남편을 잃은 여인과 결혼하는 규정도 있지만 그것이 '고엘'의 권리나 책임은 아니었던 것입니다.

'고엘'과 결혼이 연결되는 것은 이 본문이 처음입니다. 이것은 무엇을 시사합니까? 룻이 '고엘'이란 용어를 사용하면서 나오미의 집안이 잃어버린 땅을 되찾아 줄 율법적인 의무를 수행하도록 요구하는 것이 아닙니다. 보아스가 나오미의 형편과 복지를 돌봐주어야 할 입장에 있는 사람이란 사실을 주지시킨 것입니다.

룻이 보아스와 결혼하기로 마음을 정했는데, 그것은 자신이 시어머니 나오미의 안전과 경제적 어려움을 해결해 드리기 위해 결심한 것이었다는 사실을 드러낸 말입니다.

룻의 이 말은 시어머니 나오미의 명령을 따른 것이 아닙니다. 나오미는 룻에게 어떻게 행할지 알려 주었지, 무슨 말을 해야 하는지는 일러주지 않았습니다. 나오미는 룻에게 잠잠히 보아스의 발치에 들어가 누워 있다가 보아스가 지시하는 말을 들으로라고 일러주었을 뿐입니다.

그러나 룻은 자기가 먼저 보아스에게 어떻게 할 것을 요구합니다. 룻이 보아스에게 자기와 결혼해야 한다고 말한 것입니다. 나오미는 룻의 결혼을 염두에 두고 보냈지만, 룻은 결혼에 초점을 두지 않습니다. 나오미 집안의 자손을 이어주어야 한다는 의무에 초점을 둡니다.

그렇기 때문에 나오미가 시키지도 않은 말을 한 것입니다. 룻은 나오미의 지시를 벗어나는 말을 했고 당시의 관습조차 무시하는 행동을 보입니다.

룻은 구약의 중심 주제요 이상(理想)인 '헤세드'가 어떤 것인지 실제 행동으로 보여줍니다. 자신의 삶과 행복을 희생하면서까지 나오미의 가문을 궁지에서 건져내려고 하는 소위 '구원자'의 모습도 보여줍니다.

하나님의 개입을 알아보라

"그가 이르되 내 딸아 여호와께서 네게 복 주시기를 원하노라"
"The Lord bless you, my daughter," he replied.

룻이 말을 마치자 보아스가 반응을 보입니다. 보아스는 룻의 행동에 불쾌한 반응을 보이지 않습니다. 룻이 하는 말이 무엇을 의미하는지 다 알고 있다는 반응을 보입니다. 보아스는 룻의 말에 큰 감동을 받습니다. 시어머니를 위한 마음에 감동을 받았고, 자기를 향한 마음에 감동을 받았습니다.

보아스의 첫 반응은 여호와의 복을 간구하는 것이었습니다. "내 딸아, 여호와께서 네게 복 주시기를 원하노라." 보아스는 룻의 말을 들었을 때 즉각적으로 '여호와께서 행하시는 일이구나' 혹은 '여호와의 응답이구나' 하는 생각이 들었을 것입니다. 여호와께서 행하시는 일이 아니고서야 전혀 예기치 못한 이런 일이 일어날 수 없었기 때문입니다. 보아스는 여호와 하나님의 간섭하심을 알아볼 수 있는 영적 감각이 열려있는 사람이었습니다.

인애(헤세드)가 선택의 기준이다

"네가 가난하건 부하건 젊은 자를 따르지 아니하였으니 네가 베푼 인애가 처음보다 나중이 더하도다."

This kindness is greater than that which you showed earlier: You have not run after the younger men, whether rich or poor.

보아스가 룻의 마음을 읽습니다. '너의 처음 인애보다 나중 인애가 더 크다'고 합니다. '나중 인애'는 '가난하건 부하건 젊은 자를 따르지 아니한 것'입니다. 그리고 자기와 같이 나이든 고엘과 결혼하여 나오미 가족의 자손을 이어가려는 마음입니다. '처음 인애'는 룻이 가족과 친척과 고향을 버리고 시어머니를 따라 나선 일을 말합니다.

보아스가 감동을 받은 이유는, 룻이 결혼하겠다는 것이 자발적인 결정이란 사실을 알았기 때문입니다. 젊은 사람을 선택하지 않고 자기를 선택했다는 사실이 매우 고맙게 여겨진 것입니다.

여기에 "따르다"는 '결혼 할 대상을 찾다'는 뜻입니다. 룻이 결혼상대로 선택할 젊은이들이 여럿 있었던 모양입니다. 베들레헴이 그리 큰 성읍이 아니었기 때문에 보아스는 그들이 누구일지 생각해 보았을 것입니다.

이 말은 자기도 룻을 결혼상대로 고려했음을 드러내 줍니다. 보아스는 현실성이 없는 일이라고 여겼을 것입니다. 룻과의 결혼은 가능성 없는 일로 결론을 내렸던 것 같습니다. 자기처럼 나이든 사람을 룻이 결혼상대로 고려할 리 없다는 판단이 선 것입니다.

베들레헴에는 가난한 젊은이들과 부유한 젊은이들이 있었던 모양입니다. 룻은 레위기의 결혼 규정에 속박되지 않습니다. 즉 가까운 친족과 결혼해야 한다는 조항이 룻에게는 해당하지 않습니다. 그래서 룻은 젊은 청년과 결혼할 수 있는 입장이었습니다. 사랑하는 사람과 결혼을 하던, 재물을 보고 결혼을 하던, 룻의 결혼상대는 젊은 사람일 것이라고 생각했을 것입니다. 그런데 룻이 자기를 결혼상대로 선택한 것입니다.

우리는 앞서 '헤세드'에 하나님이 '헤세드'로 갚으시는 것을 보았습니다. 룻이 나오미에게 보인 '헤세드'는 이삭을 줍는 밭에서 하나님이 부분적으로 갚아주셨습니다. 그런데 보아스가 언급한 '헤세드'는 하나님이 어떻게 갚아 주실지 궁금해집니다. 룻의 헤세드가 한 가문을 살리려고 하는데, 그에 대한 하나님의 보응은 어느 정도일까 기대가 됩니다.

하나님의 보상은 결혼이나 자녀를 얻는 차원이 아닙니다. 하나님은 룻을 이스라엘 왕가(王家)의 어머니로 세워주십니다. 얼마나 놀라운 은혜입니까? 하나님의 보상은 룻이 나오미에게 행한 것과 비교가 되지 않을 정도로 초과하여 갚아주십니다.

우리도 주위 사람들을 선대하는 행위를 실천하고 심을 수 있기를 바랍니다. 하나님의 보상을 얻게 될 것입니다.

사람들의 인정을 얻어야 한다

"이제 내 딸아 두려워하지 말라 내가 네 말대로 네게 다 행하리라 네가 현숙한 여자인 줄을 나의 성읍 백성이 다 아느니라."

And now, my daughter, don't be afraid. I will do for you all you ask. All the people of my town know that you are a woman of noble character.

보아스는 우선 룻을 안심시킵니다. 두 가지가 룻의 마음을 불안하게 했을 것입니다. 첫째는 보아스가 흑심을 품고 룻의 육체를 건드리는 상황이고, 둘째는 보아스가 룻의 제의를 거절하는 상황입니다.

룻도 그런 가능성을 염두에 두었을 것입니다. 보아스가 룻의 의도를 곡해 하고 마을에 가서 룻의 행동을 폭로할 가능성도 배제할 수 없었을 것입니다. 룻은 자신의 전체를 걸고 모험한 것입니다. 룻이 그런 상황을 두려워할 수 있음을 보아스가 간파하고 안심을 시킵니다.

룻이 말한 대로 다 하겠다고 합니다. '고엘'로서 나오미의 가문을 위해 해야 할 일을 하겠다는 말입니다. 룻과의 결혼도 포함됩니다. 룻과 결혼하는 것에 어려움이 없었을 것입니다. 룻에 대한 성읍 사람들의 좋은 평판을 잘 알고 있었습니다. 하나님의 길을 벗어나지 않고 '헤세드'를 실천했던 룻을 사람들이 모를 리 없습니다.

잠언에 "현숙한 여인"에 관한 언급이 나옵니다. 잠언 31장 10-31절에 가장 이상적인 아내는 다름 아닌 현숙한 여인이라고 말하고 있습니다. 룻은 이상적인 아내가 될 자질을 갖춘 사람으로 인정을 받았습니다. 여기에 사용된 '현숙한'이란 단어는 보아스를 언급할 때 사용된 '유력한'(2:1)이란 단어와 같은 단어입니다.

보아스는 베들레헴에 유력한 사람이었습니다. 성읍 사람들이 룻을 현숙한 여자로 알고 있다는 보아스의 말은 결국 룻이 보아스와 대등한 입장에 있음을 인정한 것입니다. 보아스와 동급이라는 뜻입니다. 룻이 보아스와 결혼할 수 있는 자격이나 조건을 충분히 갖추었다는 뜻입니다.

이 구절은 보아스와 룻이 맺어진다면 아주 이상적인 부부가 될 수 있겠다는 생각을 하게 합니다. 보아스도 룻과 결혼하는 것이 전혀 어색하지 않고, 그들의 결혼을 비난할 사람은 한 명도 없다는 사실을 알고 있었던 것입니다.

우리도 사람들의 인정을 받아야 합니다. 하나님의 길에서 벗어나지 않으면 사람들이 알아봅니다. 하나님의 길을 따라 사는 모습에 사람들이 감동하게 됩니다. 그러면 분명 하나님의 헤세드가 우리에게 임하실 것입니다.

일의 결과를 하나님께 맡겨라

"참으로 나는 기업을 무를 자이나 기업 무를 자로서 나보다 더 가까운 사람이 있으니 이 밤에 여기서 머무르라 아침에 그가 기업 무를 자의 책임을 네게 이행하려 하면 좋으니 그가 그 기업 무를 자의 책임을 행할 것이니라 만일 그가 기업 무를 자의 책임을 네게 이행하기를 기뻐하지 아니하면 여호와께서 살아 계심을 두고 맹세하노니 내가 기업 무를 자의 책임을 네게 이행하리라 아침까지 누워 있을지니라 하는지라"

Although it is true that I am a guardian-redeemer of our family, there is another who is more closely related than I. Stay here for the night, and in the morning if he wants to do his duty as your guardian-redeemer, good; let him redeem

you. But if he is not willing, as surely as the Lord lives I will
do it. Lie here until morning.

이제는 룻의 고난이 끝날 것이라는 안도감을 느끼게 됩니다. 룻과 보아스의 결혼이 이어질 것이고, 모든 사람이 행복하게 잘 살게 되었다는 설명으로 룻기서의 막이 내릴 것 같습니다.

그런데 갑자기 복병이 나타납니다. 룻의 결혼이 성사되지 못할지 모른다는 긴장감이 돌게 합니다. 모든 문제가 해결되는구나 싶은 그 순간에 뜻밖의 걸림돌이 등장합니다. 보아스는 '내가 고엘 서열에 일순위가 아니라'고 합니다. 그리고 앞으로 어떻게 할지 설명합니다.

보아스의 성품이 드러납니다. 무슨 수를 써서라도 일이 되도록 할 수 있었을 텐데, 율법이 정한 수순을 밟겠다고 합니다. 다른 사람의 권리와 의무를 인위적으로 대신하지 않겠다는 태도입니다.

보아스의 말은 룻을 긴장하게 만들었을 것입니다. '고엘 일순위인 사람이 자기가 하겠다고 나서면 어쩌려고 그러지?' 하는 생각이 들었을지 모릅니다. 보아스의 이런 곧은 성품 때문에 진작에 룻을 마음에 두었으면서도 선뜻 나서서 나오미를 돕지 못했던 것 같습니다. 결과적으로 이런 과정을 거쳐 결혼했기 때문에 법적인 하자가 없고 주위 사람들의 입방아에 오르지도 않게 됩니다.

룻이 넘어야 할 마지막 장애물입니다. 고엘 일순위에 해당하는 사람이 누구인지 밝히지 않습니다. 그 사람이 자기는 못하겠다고 손을 들어야 이 장애물이 해소됩니다. 그런데 율법 규정에 따른 의무라서 할 수 없이 하겠다고 하면 결혼 계획이 물거품이 됩니다. 보아스나 룻이나 어쩌지 못하는 상황입니다. 이제 이야기는 그 사람이 어떻게 나오는가에 달려 있습니다.

문제해결의 해법이 우리의 손에 있지 않는 경우가 있습니다. 그런 경우에 즉각적으로 알아차려야 합니다. 우리의 노력과 계획이 더 이상 효력을 발휘 못하는 상황은 하나님이 움직이실 공간이 커지는 상황입니다. 하나님이 도와 주셔야 문제가 해결될 수 있습니다.

그런데 이 대목에서 한 가지 짚고 넘어갈 것이 있습니다. '나오미는 왜 룻을 고엘 일순위에 있는 '그 사람'과 맺어주려고 하지 않았는가' 하는 점입니다. 룻기서는 이 질문에 대해 아무런 답변도 하지 않습니다.

추측하기는, 룻이 우연히 보아스의 밭에 가서 이삭줍기를 했다는 말이 나오미에게는 하나님의 징조로 여겨졌을 수 있었을 것입니다. 보아스가 룻에게 친절하게 대해 준 것이 나오미의 감각을 자극하였을 것입니다.

보아스는 룻에게 그곳에 머무르라고 합니다. 보아스가 사용한 '머무르다'는 동사는 성적인 관계와 아무 상관없이 그저 '머물다'는 뜻입니다. 밤에 움직이는 것은 위험하기 때문에 함께 지내도록 한 것입니다.

룻이 나오미를 떠나지 않고 함께 있겠다고 항변할 때 룻이 이 동사를 사용했습니다. 장차 결혼해서 보아스와 함께 살게 되는데, 룻이 나오미와 함께 머물기로 작정한 것에 대한 하나님의 보상이 아닌가 합니다.

보아스는 아침에 '고엘' 일순위인 사람을 찾아 일을 진행하겠다고 말합니다. 그 사람이 기업 무를 자의 책무를 이행하겠다면 어쩔 수 없지만, 만일 그 사람이 기뻐하지 않는다면 자신이 그 책무를 이행하겠다고 합니다.

다소 무책임한 말이 아닌가 할 수 있습니다. 진정 룻을 생각하고 아끼는 사람이라면, '네 말대로 되도록 노력해 보겠다'는 식으로 말해야 정상이 아닌가 생각이 듭니다. 그러나 보아스를 우유부단하다고 하면 곤란합니다. 왜냐하면 보아스는 룻과 결혼하는 것이 하나님의 결정에 달려 있음을 깨닫고 그렇게 말한 것이기 때문입니다. 율법에 정해진 절차와 수순을 밟고, 그 결과는 하나님께 맡기는 것입니다.

보아스는 서약을 하는 식으로 말합니다. "여호와의 사심을 두고 맹세하노니" 아마 보아스는 룻을 만나게 하시고 그 순간까지 인도하신 살아계신 하나님의 섭리적 간섭과 결론을 이미 확신하고 있었던 것 같습니다. 할 수 있는 일은 최선을 다해 올곧게 행하지만, 일의 결과는 하나님께 맡기는 것입니다.

하나님의 역사를
기다리는 인생

룻 3:14-18

¹⁴ 룻이 새벽까지 그의 발치에 누웠다가 사람이 서로 알아보기 어려울 때에 일어났으니 보아스가 말하기를 여인이 타작 마당에 들어온 것을 사람이 알지 못하여야 할 것이라 하였음이라 ¹⁵ 보아스가 이르되 네 겉 옷을 가져다가 그것을 펴서 잡으라 하매 그것을 펴서 잡으니 보리를 여섯 번 되어 룻에게 지워 주고 성읍으로 들어가니라 ¹⁶ 룻이 시어머니에 게 가니 그가 이르되 내 딸아 어떻게 되었느냐 하니 룻이 그 사람이 자 기에게 행한 것을 다 알리고 ¹⁷ 이르되 그가 내게 이 보리를 여섯 번 되어 주며 이르기를 빈 손으로 네 시어머니에게 가지 말라 하더이다 하니라 ¹⁸ 이에 시어머니가 이르되 내 딸아 이 사건이 어떻게 될지 알기까지 앉아 있으라 그 사람이 오늘 이 일을 성취하기 전에는 쉬지 아니 하리라 하니라.

순종이 우선이다

"룻이 새벽까지 그의 발치에 누웠다가"
So she lay at his feet until morning.

룻이 보아스의 말에 순종합니다. 룻은 보아스의 발치에 누워서 잠을 잡니다. 여기의 "눕다"는 '잠을 자다'는 뜻인데, 사실 잠을 자기 쉽지 않은 상황에서 잠이 듭니다. 서로 긴장되는 대화가 오고 간 다음이어서 잠이 오지 않을 것 같은데, 그래도 잠을 잡니다.

보아스가 결혼하겠다는 의사를 밝혔기 때문에 룻도 흥분이 되어 잠을 이루기 어려웠을 것입니다. 그런데 룻은 보아스의 발치에 누워 잠이 듭니다. 마음에 평안이 없었으면 취할 수 없는 행동입니다.

룻은 '보아스의 발치에' 누워 잡니다. 전에는 보아스 모르게 발치에 누웠지만, 대화를 나눈 다음에 룻이 그의 발치에서 눕는 것은 새로운 의미를 가집니다. 결혼하기 전이지만, 룻은 보아스의 사람처럼 처신하는 것입니다.

자기의 의견을 개진할 적에는 당차게 하지만, 보아스의 지시에 순종할 때에는 말없이 순종합니다. 이러한 룻의 순종이 사람의 마음을 끄는 힘이었던 것 같습니다.

상대방의 입장을 먼저 생각하다

"사람이 서로 알아보기 어려울 때에 일어났으니"

But got up before anyone could be recognized.

룻이 날이 밝기 전에 일어납니다. 잠에 들었다가 스스로 깨어난 것입니다. 움직이기 가장 적절한 시간에 잠에서 깨어납니다. 룻이 평소에 일찍 일어나는 습관이 있었는지 모르겠지만, 룻은 보아스가 깨우기 전에 적절한 시간에 스스로 일어납니다.

"사람이 서로 알아보기 어려울 때"는 사람의 형체는 알아볼 수 있어도 누구인지는 정확히 식별할 수 없는 시각을 말합니다. 그 시각에 다른 사람들도 잠에서 깨어 움직이기 시작했을 것입니다. 룻이 움직인다고 해도 전혀 문제가 되지 않을 시간이었습니다. 사람들이 룻을 보았다고 해도 이상하게 생각하지 않았을 것입니다. 그녀가 누군지 알아보지도 못했을 것입니다.

룻은 잠을 자려고 누울 때 '사람들이 알아보기 어려울 때 일어나야지' 하는 생각을 했을 수 있습니다. 이것은 보아스가 룻에게 지시한 사항이 아니었습니다. 보아스의 입장을 염두에 두고 룻이 스스로 그렇게 해야겠다고 결정한 일입니다. 룻은 함께 밤을 지낸 사실이 발각되면 보아스에게 어려움이 있을 것으로 생각한 것입니다.

서로를 위하는 마음으로 내어주라

"보아스가 말하기를 여인이 타작 마당에 들어온 것을 사람이 알지 못하여야 할 것이라 하였음이라 보아스가 이르되 네 겉옷을 가져다가 그것을 펴서 잡으라 하매 그것을 펴서 잡으니 보리를 여섯 번 되어 룻에게 이워 주고 성으로 들어가니라."

And he said, "No one must know that a woman came to the threshing floor." He also said, "Bring me the shawl you are wearing and hold it out." When she did so, he poured into it six measures of barley and placed the bundle on her. Then he went back to town.

14절 후반부는 보아스의 혼자 생각입니다. 보아스가 룻에게 말하는 것이었으면 직접 화법이어야 자연스럽습니다. "자네가 여기 타작마당에 들어 온 것을 사람들이 알아서는 곤란해지네"라고 했어야 합니다.

보아스는 룻에게 말한 것이 아닙니다. 룻과 대화를 하고서 '룻이 여기에 온 것을 사람들이 몰라야 하는데' 라고 생각을 한 겁니다. 룻이 결혼할 의사를 밝혔고, 자기도 결혼을 받아들이기로 했기 때문에, 더욱 조심해야 했습니다. 룻은 자기 아내가 될 사람이었기 때문입니다.

룻과 보아스가 그렇게 조심하는 이유가 있을 것입니다. 룻과 보아스가 한 밤에 타작마당에서 같이 잤다는 사실을 한 사람이라도 알게 되는 날에는 베들레헴에 소문이 퍼지게 됩니다. 룻과 보아스의 좋은 평판이 무너지게 될 것입니다. 뿐만 아니라 룻이 보아스를 유혹한 것으로 소문이 날 것이고, 보아스는 가장 가까운 친족의 존재를 무시한 것이 되어 율법을 어긴 사람이 되었을 것입니다.

더 심한 경우에는 룻이 다시 모압으로 쫓겨 가는 신세가 될 수도 있습니다. 그래서 그들은 사람들에게 들키지 않기 위하여 그렇게 신중을 기했던 것입니다.

룻에게 그곳에서 잠을 자도록 지시한 후 보아스는 한 숨도 자지 못했을 것입니다. 자신까지 잠에 들었다가 룻이 돌아가야 할 시간을 놓치면 큰 낭패요 일을 그르치게 될 것이기 때문입니다.

룻이 돌아가기 전에 보아스는 그녀에게 보리를 퍼 줍니다. 사람들의 눈에 띄지 않으려면 서둘러 몸을 피하는 것이 현명한 일인데 보아스는 룻에게 겉옷을 펼치라고 합니다. 그리고 보리를 여섯 번 되어 줍니다.

황급히 몸을 피하는 것이 중요한 시점에 보리를 퍼 준 이유는 무엇이었을까요? 세 가지 측면에서 생각해 볼 수 있습니다.

첫째는 나오미를 위해 곡식을 보낸 것입니다.

보아스도 나오미를 위해 움직이는 룻의 마음에 동참하는 것입니다.

둘째는 룻이 새벽 미명에 밭에 나왔다 가는 구실을 마련해 주려는 것입니다.

사람들이 룻을 알아보았다 해도 룻은 밭에 나온 이유를 설명할 수 있게 됩니다. 이삭을 더 주우려고 밭에 나왔다고 하면 누구도 뭐라고 할 수 없기 때문입니다.

셋째는 룻과 결혼을 약조한 것에 대한 확증으로 보낸 것입니다.

룻이 이삭줍기를 할 때 관대함을 베풀었던 것과 차원이 다릅니다. 이미 타작이 끝난 보리를 여섯 번이나 되어 준 것은 룻과 나오미를 이제는 가족으로 생각한다는 징표가 됩니다. 나오미가 그러한 보아스의 마음을 읽지 못할 리가 없습니다.

보아스가 룻에게 주었던 보리의 양이 정확하게 얼마였는지는 알 수 없습니다. 여섯 번 되었다고 합니다. 여섯 '에바'로 보기에는 너무 양이 많습니다. 룻이 혼자 운반할 수 없는 무게입니다. 그래서 여섯 '세아'(seah)가 아닐까 짐작합니다.

'세아'는 '에바'의 삼분의 일 분량에 해당합니다. 여섯 세아라고 한다면 28kg에서 43kg 사이가 됩니다. 그 정도 분량이면 보아스의 호의에도 적합하고 룻이 지고 갈 수 있는 양이었을 것입니다.

보아스가 직접 그 보리 꾸러미를 룻의 어깨에 지워줍니다. 보리의 무게가 상당히 나갔기 때문에 그랬을 것입니다. 그러나 이제 서로 결혼하기로 한 사이가 되었기 때문에 룻을 향한 애정으로 곡식을 룻의 어깨에 지워 준 것입니다. 룻을 직접 챙겨주는 모습입니다. 보아스의 대접이 전격적으로 달라진 것을 감지하게 됩니다. 룻을 위해주는 마음이 진하게 전달됩니다.

룻에게 보리를 지워주고 난 다음 보아스는 곧장 성내로 들어갑니다. 룻도 다른 길을 따라 집으로 떠납니다. 새벽 미명에 어둠을 헤치고 두 사람이 서로 다른 방향으로 움직이는 모습이 눈에 잡히는 듯합니다.

기다림은 하나님의 훈련이다

"룻이 시어머니에게 가니 그가 이르되 내 딸아 어떻게 되었느냐 하니 룻이 그 사람이 자기에게 행한 것을 다 알리고 이르되"

When Ruth came to her mother-in-law, Naomi asked, "How did it go, my daughter?" Then she told her everything Boaz had done for her and added,

간밤에 나오미도 한 숨도 못자고 기다리고 있었을 것입니다. 며느리 룻을 보내 놓고 일이 잘 진행되는지 매우 궁금했을 것입니다. 행여 사람들에게 들켜 곤경에 빠진 것은 아닐지 노심초사 하면서 그런 일이 발생하지 않도록 간절히 기도했을 것입니다. 언제쯤 룻이 돌아올지 애타게 기다리고 있었을 것입니다.

마침내 룻이 돌아옵니다. 어깨에 상당히 많은 양의 보리를 지고 왔지만 나오미의 눈에는 보리가 보이지 않았습니다. 아마 보리의 무게로 인해 지쳤을만도 한데 나오미는 수고했다는 인사치레도 없이 곧장 그 날 밤에 있었던 일을 룻에게 물어봅니다.

"내 딸아 어떻게 되었느냐?"

우리말 성경은 본문의 직역이 아닙니다. 본문을 직역하면 "내 딸아, 누구냐?"가 됩니다. 밤중에 깬 보아스가 놀라서 "누구냐?" 하고 룻에게 질문했던 것과 같은 표현입니다.

보아스의 경우에 자기 발치에 정체불명의 사람에게 질문한 것이지만, 나오미의 경우는 '내 딸아' 하고 호칭을 한 것으로 보아 룻인지 몰라서 질문한 것이 아닙니다. 놀라서 묻는 것도 아닙니다.

이 질문은 룻의 신분에 변화가 생겼는지 여부를 묻는 질문입니다. 조금 풀어서 설명하면, '결혼하기로 했니?' '보아스의 아내가 되었니?' 하고 묻는 것입니다.

룻은 나오미에게 '그 남자'가 자기에게 행한 모든 것을 낱낱이 보고합니다. 보아스와의 대화를 소상히 설명했을 것입니다. 기업 무를 자 '고엘'의 역할을 할 것이고, 결혼도 추진할 것이고, 날이 밝으면 기업 무를 자 일순위에 해당하는 친족과 입장정리를 할 것이라고 보고했을 것입니다.

첫째, 보아스가 행한 것을 직접 전달하지 않고, 자신의 입장에서 정리해서 전달합니다.

보아스의 행동과 말 가운데 룻이 직접 전달한 것은 보리를 여섯 번 되어 주었다는 것과 빈손으로 시어머니께 돌아가지 말라고 했다는 것뿐입니다. 이 두 가지는 보아스의 말과 행동을 여과 없이 직접 전달한 것입니다. 나머지 내용은 룻이 해석한 내용을 전달한 것으로 추측합니다.

둘째, 시어머니의 지시와 상관없이 자기가 독자적으로 말한 내용은 보고하지 않습니다. 자신이 시어머니를 위해 특별히 마음을 쓴 내용은 전혀 발설하지 않습니다.

셋째, 룻의 관심은 결혼이 아니라 여전히 나오미임을 보여 줍니다. 나오미는 보아스가 결혼의사를 밝혔는지 물었는데, 룻은 보아스가 나오미에게 관심을 기울인 부분을 더 중요하게 전달하고 있습니다.

하나님의 임재를 느끼는 방법

"그가 내게 이 보리를 여섯 번 되어 주며 이르기를 빈손으로 네 시어머니에게 가지 말라 하더이다 하니라."

"He gave me these six measures of barley, saying, 'Don't go back to your mother-in-law empty-handed.'"

여기에서 보아스가 사용한 "빈손으로"는 룻기 1장 21절에서 나오미가 사용했던 것입니다. 모압에서 베들레헴으로 귀환할 때, 나오미는 하나님이 자기를 '빈손으로' 돌아오게 만드셨다고 고백했습니다. 흉년, 남편과 자식 둘을 잃은 것이 나오미에게

'빈손'이었습니다.

이미 타작한 보리를 여섯 번 되어 보내준 일은 흉년으로 인한 빈손의 문제를 해결하기에 충분한 징표입니다. 그리고 보아스가 결혼하기로 결정한 것은 자식을 잃어 빈손이 된 자신의 처지가 해결될 것이라는 징표가 됩니다.

보아스가 '빈손으로' 돌아가지 말라고 했다는 말을 전해 들었을 때, 나오미는 느끼는 바가 있었을 것입니다. 전에 신음하며 했던 말에 하나님이 응답 하시는 것으로 생각했을 것입니다.

우리에게도 종종 우리가 사용한 단어나 말을 다른 사람을 통해 듣습니다. 그런 경우 하나님이 메시지를 전하시는 것으로 알아볼 수 있어야 합니다. 하나님은 우리의 말과 단어들을 모두 들으시고 응답하십니다.

여백이 있는 삶을 누려라

"이에 시어머니가 이르되 내 딸아 이 사건이 어떻게 될지 알기까지 앉아 있으라"

Then Naomi said, "Wait, my daughter, until you find out what happens."

룻의 말을 들은 나오미가 상황을 파악합니다. 그리고 룻에게 해야 할 일을 지시합니다. 나오미는 보아스가 신속하게 그리고 적절하게 일을 마무리할 것으로 확신합니다. 이제 나오미와 룻이 할 수 있는 일은 모두 다 한 셈이고, 기다리는 일 밖에 없습니다. 결과는 나오미와 룻의 영역을 떠난 것입니다.

"이 사건이 어떻게 될지" 이 구절을 직역하면, '이 사건이 어떻게 떨어질지'입니다. 당시 제비뽑기 풍습은 이 말의 배경입니다. 제비를 뽑아 땅에 떨어뜨려서 나오는 결과를 보고 선택했다고 합니다.

이 본문에서 선택 가능성은 보아스냐 아니면 고엘 일순위 친족이냐 하는 것입니다. 룻이 결혼하는 것은 확실한데 누가 될지는 뚜껑을 열어 봐야 합니다. 룻과 나오미가 할 수 있는 일은 잠잠히 기다리는 수밖에 없습니다.

우리의 인생 여정은 기다림의 연속입니다. 기다리는 일에 능숙한 사람이 인생의 고수입니다. 우리의 삶은 기다리는 일들로 가득 차 있습니다. 기다림은 삶의 여백과 같다고 볼 수 있습니다.

서양화와 달리 동양화에는 여백이 있습니다. 그런데 이 여백은 그저 빈 공간으로 존재하는 것이 아닙니다. 물체와 물체를 연결하는 공간이요 여유입니다. 여백의 양 끝에 사물과 사물이 맞닿아 있습니다.

삶의 여백인 기다림도 마찬가지입니다. 기다림은 결코 시간의 낭비가 아닙니다. 기다림의 이편과 저편 사이에 삶이 있습니다. 이편 삶의 현장에서 저편 삶의 현장으로 넘어가는 것입니다. 그 두 삶의 현장 사이에 기다림이 있습니다. 그 기다림의 시간에 우리가 할 일은 없습니다. 우리가 끼어 들 공간이 아닙니다. 우리는 그 기간에 침묵으로 지나가면 됩니다.

이 기다림은 마음을 다스리는 기간이기도 합니다. 기다리는 동안 안절부절 못하고 초조한 마음으로 시간을 보내지 말아야 합니다. 기다리는 동안 하늘의 평안과 마음의 평정을 누려야 합니다.

그리고 기다림을 실천하는 동안 하나님이 개입하시고 움직이신다는 믿음과 신뢰를 키워가야 합니다. 기다리는 동안 경험하게 될 삶의 여백에서 주체는 우리가 아니라 하나님이십니다. 하나님이 움직이고 행동하시는 공간을 소유하고 사는 사람이 복 있는 사람입니다.

하나님은 어떤 사람을 쓰시는가

"그 사람이 오늘날 이 일을 성취하기 전에는 쉬지 아니하리라."
For the man will not rest until the matter is settled today.

나오미의 마지막 말입니다. 나오미는 보아스의 성품을 누구보다 잘 알고 있었던 듯합니다. 룻의 설명을 듣고 보아스가 어찌 행동할 것인지 확신을 갖고 말합니다. 그 일을 마치기 전에 쉬지 않을 것이라고 합니다.

여기의 "마치다"는 동사는 나오미와 룻의 고난이 끝날 것이라는 뉘앙스를 담고 있습니다. 룻과 나오미의 수고와 고생이 보아스를 통해 끝내게 됩니다. 그러나 그들의 고생과 수고의 마침은 하나님의 계획이고 섭리입니다.

하나님이 보아스를 사용하신 이유를 발견합니다. 보아스는 자기가 감당해야 할 일을 마무리하기까지 실수나 빈틈이 없이 처리하는 성격의 사람이었던 모양입니다.

나오미의 신뢰가 엿보입니다. 어떠한 장애물도 극복하고 결혼을 성사시킬 수 있는 지혜와 열정을 소유한 사람이었던 것 같습니다.

하나님이 보아스를 통해 룻과 나오미의 고난에 종지부를 찍으시는 이유가 여기에 있습니다. 즉, 하나님은 보아스의 치밀함과 성실함 그리고 지혜로움을 들어 쓰시고 하나님의 계획을 이루는데 큰 기여를 하도록 하십니다.

4부

기업 무릎 자의 영광

하나님을 위해
손해를 감수하라

룻 4:1-6 _____

¹ 보아스가 성문으로 올라가서 거기 앉아 있더니 마침 보아스가 말하던 기업 무를 자가 지나가는지라 보아스가 그에게 이르되 아무개여 이리로 와서 앉으라 하니 그가 와서 앉으매 ² 보아스가 그 성읍 장로 열 명을 청하여 이르되 당신들은 여기 앉으라 하니 그들이 앉으매 ³ 보아스가 그 기업 무를 자에게 이르되 모압 지방에서 돌아온 나오미가 우리 형제 엘리멜렉의 소유지를 팔려 하므로 ⁴ 내가 여기 앉은 이들과 내 백성의 장로들 앞에서 그것을 사라고 네게 말하여 알게 하려 하였노라 만일 네가 무르려면 무르려니와 만일 네가 무르지 아니하려거든 내게 고하여 알게 하라 네 다음은 나요 그 외에는 무를 자가 없느니라 하니 그가 이르되 내가 무르리라 하는지라 ⁵ 보아스가 이르되 네가 나오미의 손에서 그 밭을 사는 날에 곧 죽은 자의 아내 모압 여인 룻에게서 사서 그 죽은 자의 기업을 그의 이름으로 세워야 할지니라 하니 ⁶ 그 기업 무를 자가 이르되 나는 내 기업에 손해가 있을까 하여 나를 위하여 무르지 못하노니 내가 무를 것을 네가 무르라 나는 무르지 못하겠노라 하는지라.

투명함을 유지하라

"보아스가 성문으로 올라가서 거기 앉아 있더니"

Meanwhile Boaz went up to the town gate and sat down there.

보아스가 성문으로 갑니다. 룻과 헤어진 다음 우선 자기 집에 들어가 아침이 되기를 기다렸다가 바로 성문으로 간 것입니다. 성문의 어느 한 자리에 앉아서 만나야 할 사람들을 기다립니다. 한참을 기다린 후에 마침 기업 무를 자 일순위에 해당하는 사람이 나타납니다.

베들레헴 성문 앞에 '마당'이 형성되어 있어, 그 '마당'에서 각종 민사 및 형사상 문제들을 해결하는 공개 법정이 열렸다고 합니다. 주민들 사이에 분쟁이 발생하는 경우 그 마당 법정에서 해결을 했습니다.

보아스 역시 나오미의 소유지에 대한 고엘의 의무를 이행할 자를 결정하고 룻과 결혼 문제를 이 마당 법정에서 해결하려고 시도합니다.

보아스가 매우 신속하게 일을 처리하고 있습니다. 보아스가 떳떳한 입장이었기 때문에 가능한 일입니다. 보아스와 룻의 결혼이 떳떳한 결혼이 아니었다면 이렇게까지 신속한 행동을 보이기 쉽지 않았을 것입니다.

룻이 매우 아리따운 여인이어서 취하려는 것이었거나 혹은 다른 불순한 동기로 결혼하려는 것이었다면 동네 사람들 눈치를 살펴야 했을 것입니다. '내가 룻과 결혼 한다면 사람들이 뭐라고 할까?' 하는 염려가 있었을 것입니다. 보아스의 행동에 그런 기미가 전혀 보이지 않습니다.

삶이 투명하고 일을 추진하는 의도가 투명한 경우 다른 사람들의 눈치를 볼 필요가 없게 됩니다. 대중의 시선을 두려워할 이유가 없어집니다. '도둑이 제 발 저린다'는 말이 있듯이, 자기 속에 불순한 의도를 갖고 있는 경우 저절로 남을 의식하게 됩니다.

우리는 '하늘을 우러러 한 점 부끄럼이 없는' 그런 투명한 삶을 살도록 노력해야 합니다. 그래야 매사에 활기가 넘치게 됩니다. 일을 추진하는데도 거리낌이 없게 됩니다.

보아스가 성문에 올라가 '그곳에' 앉았다고 합니다. 여기의 '앉다'는 행동은 그저 한가로이 시간을 때우려고 앉는 것이 아닙니다. 아마 보아스가 앉은 자리는 보통 자리가 아니었을 것입니다. 성문 마당의 어느 특정 지점에 앉은 것입니다. 그곳에 앉게 되면 즉각적으로 어떤 법적인 이슈가 발생해서 공개 법정을 통해 해결하려고 앉은 것으로 이해되었습니다.

보아스가 그 지점에 앉았을 때 사람들은 '아 저 사람이 문제 해결을 위한 공개 법정을 청하는 것이구나'라고 생각했을 것입니다. 그 성문 마당에는 문제를 제기한 사람이 앉는 자리와 소위 피고에 해당하는 사람이 앉는 자리, 그리고 증인들이 앉는 자리가 있었다고 합니다. 성문 마당에 공개 법정이 열린다는 소문을 들은 베들레헴 사람들이 하나 둘 몰려나왔습니다.

보아스도 베들레헴 장로들 가운데 한 사람이었을 것입니다. 어쩌면 장로들 가운데 가장 영향력이 컸던 사람이었을지 모릅니다. 보아스의 집안이 베들레헴에서 가장 유력했고, 보아스는 베들레헴을 다스리는 지위에 있었을 것입니다.

보아스는 자신의 영향력과 지위를 십분 활용하여 이 문제를 은밀하게 해결할 수 있었겠지만, 직접 성문으로 나와 문제를 정면 돌파합니다.

이런 보아스의 모습에서 그의 겸손을 봅니다. 사적인 문제 해결에 자기의 직권을 전혀 남용 하지 않습니다. 다른 사람들과 동일하게 절차에 따라 일을 처리합니다. 이런 부분이 보아스를 존경받는 사람으로 만든 것이 아니었을까 짐작해 봅니다. 사적으로나 공적으로나 우리는 늘 투명한 삶을 유지하며 살아야 합니다.

일의 성사는 하나님께 달려 있다

"마침 보아스가 말하던 기업 무를 자가 지나가는지라."

Just as the guardian-redeemer he had mentioned came along.

보아스가 그 자리에 앉아 얼마를 기다렸는지 알 수 없지만,

본문은 "마침" 그가 지나갔다고 말합니다. 이는 우연의 일치로 거의 동시적으로 일어난 일이었다는 암시를 줍니다. 그 사람은 성문 마당을 '지나가고 있었습니다.' 그는 보아스가 자기를 기다리고 있다는 사실을 전혀 모르고 있었습니다. 미처 기별을 받지 못했던 것 같습니다. 그 장소를 지나 다른 곳으로 가던 중이었습니다. 행선지가 어딘지 알 수 없습니다. 다만 보아스가 그 때 '마침' 그를 만나지 못했더라면 그의 행방을 찾아 한참 돌아다녀야 했을지 모릅니다.

룻기 2장 4절에서 룻이 이삭줍기를 할 때 '마침' 보아스가 밭에 나타났던 적이 있습니다. 이 두 구절에서 같은 표현이 사용되고 있는데, 보아스가 밭에 나타났던 것이 하나님의 은밀한 개입에 의한 것이었듯이, 이 본문 상황에서 그 기업 무를 자가 우연히 나타난 것 역시 하나님의 은혜라고 할 수 있습니다.

보아스는 그 사람을 만나 무슨 말을 할지 치밀하게 준비해 두었을 것입니다. 그리고 필요한 절차를 밟아 일을 진행합니다. 그러나 본문에서 우리는 하나님의 간섭하심이 섬광처럼 드러나고 있음을 감지합니다. 이 모든 준비에도 불구하고 하나님의 간섭이 일을 이루고 계심을 보게 됩니다.

이 간단한 표현을 통해 우리는 일의 계획과 진행은 보아스가 하지만 결국 일이 이루어지는 것은 하나님의 손에 달린 것임을 즉각 알아차리게 됩니다.

이름을 잃지 않고 살아야 한다

"보아스가 그에게 이르되 아무개여"

Boaz said, "Come over here, Mr. So-and-so."

보아스는 그 '기업 무를 자'를 부릅니다. 그런데 본문의 기록이 이상합니다. 보아스가 그를 '아무개여'라고 부른 것입니다.

실제 상황에서 보아스가 그를 그렇게 부르지는 않았을 것입니다. 왜냐하면 보아스가 그 사람의 이름을 몰랐을 까닭이 없기 때문입니다. 그 '기업 무를 자'도 친족입니다. 보아스가 친족의 이름을 모를 리 없습니다. 그런 관계에서 이름을 모른다는 것은 말이 되지 않습니다.

이것은 룻기의 저자가 의도적으로 그렇게 기록했다고 보는 것이 타당합니다. 의도가 무엇일까요? 아마도 룻기의 저자는 이 이름 없는 인물의 가치나 역할이 거의 없다고 본 것 같습니다. 기록할 필요나 가치가 전혀 없다는 것입니다.

무대에 잠시 등장했다가 사라졌던 나오미의 한 며느리 오르바도 이름이 소개됩니다. 그런데 이 사람은 이름 없는 존재로 잠시 무대에 등장했다가 사라집니다. 왜 그랬을까요? 두 가지로 해석할 수 있습니다.

하나는, 그 사람의 후손들의 체면을 살려주기 위한 것으로 봅니다. 이스라엘 공동체는 서로 긴밀하게 연결되어 있습니다. 후일에 보아스와 룻이 결혼하여 다윗 왕가를 이루는데, 룻과 결혼을 거부한 그 '아무개'의 이름을 밝혀 놓으면 그 집안은 후손 대대로 창피를 당할 것이 분명합니다. 그런 연유로 룻기 저자가 그 사람의 이름을 밝히지 않은 것으로 보입니다. 그 사람의 체면을 살려 준 셈입니다.

복음서를 보면 종종 이름을 밝히지 않는 경우가 있습니다. 예수님이 마지막 예루살렘을 방문하셨을 때 제자들 가운데 한 사람이 예루살렘 성전을 칭송하는 말을 합니다(마 13:1). "예수께서 성전에서 나가실 때에 '제자 중 하나가' 가로되 선생님이여 보소서 이 돌들이 어떠하며 이 건물들이 어떠하니이까?" 그 제자는 백성의 고혈을 짜내어 지은 성전, 정통성이 없는 헤롯이 지은 성전을 칭송했던 것입니다. 마가는 그 제자가 누구인지 잘 알고 있었습니다. 그러나 이름을 밝히지 않습니다. 예수님의 제자로서 있을 수 없는 말을 했다고 판단한 것입니다. 그 제자가 누군지 이름을 밝혔더라면 그는 세상 끝날까지 두고두고 한심한 제자로 사람들의 입방아에 오르내렸을 것이 분명합니다. 그런 이유로 마가가 그 제자의 이름을 밝히지 않은 것으로 보입니다.

다른 하나는, 이 사람이 '기업 무를 자'로서 자신의 의무를 감당하지 않았기 때문이라고 봅니다. 즉, 그는 기업 무를 자의 의무를 이행하여 죽은 친족의 기업을 잇게 했어야 하는데 그렇게 하지 않았습니다. 다른 사람의 이름을 잇게 하는 것을 거부한 그 사람의 이름도 기록에 올리지 않은 것입니다.

다른 사람의 이름을 살려주고 높여주어야 우리의 이름도 기록에 남게 됩니다. 내 이름만을 남기려고 애쓰는 것은 성경의 가르침이 아닙니다.

바벨탑 사건의 교훈이 그것입니다. 사람들이 "우리 이름을 내자"는 마음으로 바벨탑을 쌓았지만(창 11:4), 하나님은 그것을 무너뜨리셨습니다. 그러나 아브라함에게는 "내가 네게 복을 주어 네 이름을 창대케 하리라"고 하셨습니다(창 12:2). 하나님의 지시를 따라 무조건 순종하였기 때문입니다. 하나님께 순종하는 삶을 살면 이름을 내게 됩니다.

하나님의 길에서 벗어나면 아무리 발버둥을 쳐도 이름을 잃고 살게 됩니다. 사람들이 기억해 주지도 않습니다. 기억할 만한 이름이 되지 못합니다.

그 이름 없는 사람의 처신은 잘한 것이 아니었습니다. 이스라엘 역사 앞에서 잘못한 것이고, 하나님의 계획에서 벗어난 것이었습니다. 하나님의 인정을 받지 못했습니다. 그래서 그의 이름은 기억할 필요조차 없게 되어 버렸습니다.

오르바와 룻의 행동이 극명하게 대조되듯이, 이 이름 없는 사람과 보아스의 행동이 대조되고 있습니다. 오르바나 이 이름 없는 사람처럼 행동하지 말아야 한다는 메시지가 들어 있습니다. 룻과 보아스처럼 행동하는 것이 하나님 보시기에 바르고 복된 길임을 강조해 줍니다.

하나님의 마음에 합당하게 행하지 않고, 하나님의 길을 따라 살지 않으면 우리도 그 이름 없는 사람처럼 하나님 보시기에 의미 없는 인생으로 전락할 수 있음을 기억해야 합니다.

에베소서에 기록된 사도 바울의 중보 기도에 다음과 같은 표현이 나옵니다. "내가 하늘과 땅에 있는 모든 족속에게 이름을 주신 아버지 앞에 무릎을 꿇고 비노니"(엡 3:14). 하나님의 자녀들은 모두 이름을 받습니다. 하나님 가족의 구성원이 되었다는 징표입니다. 우리 이름이 생명책에 기록된 것입니다. 그 이름을 받으면 하나님의 자녀가 됩니다. 하나님은 모든 자녀의 이름을 아시고 기억하십니다.

이름을 소유하고 사는 일은 중요합니다. 그래서 우리가 기도할 때, '아버지, 당신의 자녀 저 누구입니다'하고 우리의 이름을 먼저 아뢰는 것입니다. 하나님이 '내가 너 안다'고 하시면 좋지만, '나는 네가 누군지 모르겠다'고 하시면 곤란합니다. 하나님 앞에서 우리 이름을 간직하고 살아야 합니다.

우리가 하나님의 길에서 벗어나지 않는 한, 하나님은 우리의 이름을 기억해 주십니다. 이 사실이 우리에게 큰 위로와 소망이 아닐 수 없습니다. 이름을 잃지 말고 사시기 바랍니다.

이기적인 마음을 버려라

"이리로 와서 앉으라 하니 그가 와서 앉으매"
"Sit down." So he went over and sat down.

보아스가 그 사람을 불러 자리에 앉도록 합니다. 이것은 그저 안부를 묻거나 한가롭게 담소를 나누기 위한 것이 아닙니다. '앉으라'는 동사가 강조 명령형인 것을 보면, 개인적인 대화가 아니라 공식적인 회합을 위한 것이라는 취지가 전달되었을 것입니다.

그 이름 없는 사람은 분위기를 보아 보아스가 공개 법정을 원하고 있음을 눈치 챘을 것입니다. 그렇지 않으면 아마 간단한 인사 정도 나눈 다음에 '지금 바쁘니까 나중에 만나서 얘기를 하세' 하고 제 갈 길을 갔을 수도 있었을 것인데, 그는 아무런 이의 제기 없이 자리에 와서 앉습니다.

그 기업 무를 자 역시 나오미의 상황을 알고 있었던 것 같습니다. 나오미의 며느리 룻이 보아스의 밭에서 이삭줍기를 한다는 소식도 들어서 알고 있었을 것입니다. 또한 자신이 나오미의 친족으로서 그녀 집안의 소유지를 무를 의무를 갖고 있다는 사실도 알고 있었을 것입니다.

어쩌면 속으로 '나오미 집안의 소유지를 무를 책임이 내게 있는데 어쩌나' 생각했을 수 있습니다. 나오미가 거지꼴을 하고 베들레헴으로 귀환하던 순간부터 이 사람의 마음에 기업 무를 자의 의무에 대한 생각이 떠나지 않았을 것이 분명합니다.

그러나 그 사람은 자신의 의무를 이행하지 않았습니다. 자기가 기업 무를 자 일순위에 해당된다는 사실을 알고 있었으면서도 나서지 않았던 것입니다. 모른 체하고 지냈습니다. 때문에 양심에 거리끼는 바도 있었을 것입니다.

그 사람으로 하여금 기업 무를 자의 의무를 이행하지 못하도록 막은 뭔가가 있었던 것 같습니다. 그 의무를 감당하는 일이 자기에게 손해라는 결론을 내렸던 것입니다. 그래서 그날 아침까지 모른 척 하고 지냈던 것입니다.

그는 이미 여러 측면을 고려했을 것입니다. 나오미의 밭을 무르는 경우 그녀의 며느리인 룻도 취해야 할지 모른다고 생각했던 것 같습니다. 만약 그렇게 된다면 아이를 낳은 후 그 땅을 잃게 될 것이라는 계산도 했을 것입니다. 나중에 룻과의 결혼을 언급했을 때 즉각적으로 기업 무를 자의 권리를 양보하겠다는 반응을 보인 이유가 여기에 있습니다. 이미 계산을 해 보았던 것입니다.

그 사람은 철저히 손해 보지 않기로 작심한 사람이었습니다. 나오미와 룻의 고통과 눈물과 한숨을 돌아볼 마음이 없었습니다. 그들을 측은하게 여기는 마음이 없었습니다. 기업 무를 자일 순위라는 사실을 알면서도 모르쇠로 눈을 감아 버렸습니다. 약간의 양심의 가책과 미안한 마음은 들었을지 모릅니다. 하지만 그는 하나님의 율법을 이행하는 것도 무시해 버렸습니다. 경제적인 손실을 보지 않겠다는 이기적인 마음의 소유자였던 것이 분명합니다.

이런 사람을 하나님이 인정하실 까닭이 없습니다. 남들의 고통과 어려움을 보살피는 마음을 갖지 못했기에 하나님이 그의 이름을 지워 버리신 것입니다.

하나님이 우리에게 주신 자원으로 가족을 돌보고 이웃을 돌보는데 사용해야 합니다. 이런 저런 현실적인 이유를 대며 이해득실을 따지지 말아야 합니다. 가족과 이웃을 돌보는 측은한 마음은 이해득실과 상관이 없습니다. 오히려 사람을 살리려는 마음이 소중합니다. 그것이 하나님의 마음과 통하기 때문입니다.

이기적인 마음은 하나님의 공동체에 어울리지 않습니다. 하나님의 길이 확실하면 어떤 인간적인 손해나 희생도 기꺼이 감수할 수 있어야 합니다. 그래야 하나님의 복이 임하게 됩니다.

하나님의 순서대로 행하라

"보아스가 그 성읍 장로 열 명을 청하여 이르되 당신들은 여기 앉으라 하니 그들이 앉으매"

Boaz took ten of the elders of the town and said, "Sit here," and they did so.

보아스는 십 인의 성읍 장로들을 청하여 앉도록 합니다. 성읍 장로들은 열 명 이상으로 성읍의 각종 법적인 문제들을 다루는 일종의 사법 기관이었습니다. 이 본문의 사안은 형사 혹은 민사상 소송이 아닙니다. 단순히 기업 무르는 일에 관한 두 사람의 입장 정리에 참관인 정도의 역할을 할 뿐입니다.

보아스가 계획한 공식 절차를 밟으려면 열 명의 장로가 소집되어야 합니다. 보아스가 그들에게 미리 기별을 보내어 참석을 요청한 것인지 아니면 그 때 성문에 있던 장로들 가운데 열

명을 초청했던 것인지 분명하지 않습니다. 아니면 그 성문을 통과하던 장로들 가운데 선착순으로 열 명을 초청했던 것인지도 분명하지 않습니다. 보아스는 그 기업 무를 자는 미리 부르지 않았습니다.

여기서 우리는 장로들의 역할에 주목하게 됩니다. 그 열 명의 장로는 공식적인 증인의 역할을 합니다. 그들은 모임의 절차나 내용에 있어 어떤 결정권을 가지는 사람들은 아니었습니다. 그러나 그들의 인정 혹은 인준이 당시 사회에서 미치는 효과는 매우 지대했습니다. 열 명의 장로는 베들레헴 장로의 대표로 앉은 것입니다. 열 명의 숫자가 증인의 최대 정족수였던 것 같습니다.

기업을 무르는 일이나 룻과의 결혼 문제를 해결하기 위해서 보아스는 필요한 절차를 준수합니다. 그리고 착오 없이 진행하고 있습니다.

소외된 사람들에게 관심을 가지라

"내가 여기 앉은 이들과 내 백성의 장로들 앞에서"

in the presence of these seated here and in the presence of the elders of my people.

회합이 마무리 되는 시점에 보아스는 "장로들과 성문 마당에 있는 모든 백성"에게 말합니다. 이렇게 청중의 규모가 점차 커지는 데는 이유가 있습니다. 보아스가 소집한 모임의 의미는 단지 그들 사회의 한 유력한 지도자와 가난한 이방 여인의 결혼 가능성을 타진하는 것에 그치지 않습니다. 보아스가 가져 온 이슈에 대한 결정이 베들레헴 공동체 전체와 연결되어 있으며, 사실상 베들레헴 주민 전체에 영향을 미치는 것이기 때문입니다.

즉, 한 이방 여인의 운명과 궁핍한 상황에 빠진 한 과부의 운명이 베들레헴 사회 전체의 건강성과 건전함을 유지하는데 엄청 큰 의미를 가진다는 점입니다.

우리 사회에도 소외된 계층이 있습니다. 그들의 존재는 종종 잊혀진 채로 지나게 됩니다. 사회의 그늘진 한쪽에서 눈물과 한숨과 억울함과 배고픔으로 세월을 지내는 사람들이 있습니다. 그들에 대한 사회 전체의 관심이 살아 있어야 합니다. 그래야 그 사회가 건강한 사회, 정의로운 사회입니다.

몇 년 전에 필자의 몸이 좋지 않아 한방 치료를 받은 적이 있습니다. 필자의 증세를 진단해 보고 그 의사가 몇 가지 처방을 했는데, 그 가운데 하나가 발바닥 한 가운데 뜸을 뜨는 것이었습니다. 발바닥 한 가운데 뜸을 뜨면 참을 수 없을 정도로 아픕니다. 그 뜸이 얼마나 아픈지는 떠본 사람이 아니면 모릅니다.

뜸을 발바닥 한 가운데 뜨는 이유가 뭔지 물었습니다. 그러자 그 의사는 "발바닥에 뜸을 뜨는 것은 상처를 내기 위한 것입니다. 발바닥에 상처가 나면 온 몸이 그 상처를 치료하기 위해 총 출동합니다. 온 몸의 관심이 발바닥으로 쏠리는 것을 노리는 것입니다"라고 말해 주었습니다.

저는 그 말을 듣고 참으로 중요한 원리라고 생각했습니다. 하나님이 인간을 창조하셨을 때 우리 몸을 그런 시스템으로 만드신 것입니다. 우리 몸의 어느 한 부분에 이상이 생기면 온 몸이 함께 힘을 합쳐 치유하려고 합니다. 그래서 몸의 건강을 유지합니다. 만일 발바닥의 상처를 온 몸이 '나 몰라라' 하고 무시한다면 그 상처는 점점 더 심하게 곪을 것이고 결국은 몸 전체에 심각한 타격을 입히게 될 것이 분명합니다.

사회도 마찬가지입니다. 하나님의 창조 원리가 그렇습니다. 사회나 인간의 몸이나 살아가는 방식이 다르지 않습니다. 사회 한 구석에 상처가 있고 아픔이 있으면 사회 전체가 반응을 보여야 합니다. 모른 척 하고 넘어가면 결국 그것이 그 사회 전체를 병들게 합니다.

성경은 우리에게 소외되고 가난한 사람들의 존재에 주목하라고 하십니다. 다른 사람의 도움 없이는 살 수 없는 사람들, 도움을 절실하게 기다리고 있는 사람들에게 관심과 사랑을 보이라고 명령합니다. 그것이 우리가 살고 있는 사회를 건강하게 합니다.

기독교 공동체는 두 말할 필요도 없습니다. 교회는 일차적으로 가난하고 궁핍한 사람들을 돕는 장소가 되어야 합니다. 교회는 사랑과 정의가 실천되어지는 공동체가 되어야 합니다. 성도들도 개인적인 차원에서 궁핍한 사람들에게 도움을 베푸는 손길을 잃지 말아야 합니다.

분명한 의사 전달이 중요하다

"보아스가 그 기업 무를 자에게 이르되 모압 지방에서 돌아온 나오미가 우리 형제 엘리멜렉의 소유지를 팔려 하므로 내가 여기 앉은 이들과 내 백성의 장로들 앞에서 그것을 사라고 네게 말하여 알게 하려 하였노라 만일 네가 무르려면 무르려니와 만일 네가 무르지 아니하려거든 내게 고하여 알게 하라 네 다음은 나요 그 외에는 무를 자가 없느니라 하니 그가 이르되 내가 무르리라 하는지라"

Then he said to the guardian-redeemer, "Naomi, who has come back from Moab, is selling the piece of land that belonged to our relative Elimelek. I thought I should bring the matter to your attention and suggest that you buy it in the presence of these seated here and in the presence of the elders of my people. If you will redeem it, do so. But if you will not, tell me, so I will know. For no one has the right to do it except you, and I am next in line." "I will redeem it," he said.

열 명의 장로가 자리에 앉고, 보아스가 모임을 시작합니다. 보아스는 증인들이 입석한 상황에서 그 '기업 무를 자'에게 모임의 의제를 정확하게 설명합니다. 보아스는 전체 상황을 압축하여 정리해 주고, 상대방에게 분명한 의사를 전달합니다. 보아스의 일처리가 상당히 매끄럽다는 인상을 받습니다. 해야 할 말을 정확하게 전하고 있습니다.

이 공개 법정의 안건은 나오미 집안의 땅을 무르라는 것입니다. 만일 그 의무와 권리를 기업 무를 자가 이행하지 않으면 보아스 자신이 그를 대신하여 무르겠다는 것입니다. 그런데 보아스의 말에 두 가지 질문이 생깁니다. 첫째는 나오미가 남편 엘리멜렉의 땅을 소유하고 있었다고 한다면 그들은 밭에 나가서 이삭을 주워야 할 정도로 가난하지는 않은 것입니다. 둘째는 보아스가 무슨 권한으로 나오미를 대신하여 소유지 판매를 공지하는 것인지 분명치 않습니다.

첫 번째 질문에 대한 설명은 이렇습니다. 모압으로 이주하기 전에 엘리멜렉이 땅을 팔았거나 아니면 땅의 소산을 처분할 권리를 팔았던 것으로 봅니다.

여기에 "팔려 하므로"로 번역된 동사는 완료시제로 되어 있습니다. 완료시제는 이미 종결된 것으로, 이미 팔았다는 뜻입니다. 그렇다고 하면, 나오미는 그 땅을 도로 살 권리를 소유하고 있었는데, 그럴만한 경제적 형편이 아니라서, 그 권리를 누구에겐가 팔려는 것으로 볼 수 있습니다. 즉, 나오미가 팔려고 하는 것은 소유지 자체가 아니라 그 소유지를 재구입할 권리를 말하는 것으로 보입니다.

두 번째 질문에 대하여는 이렇게 이해가 가능합니다. 보아스는 엘리멜렉이 모압으로 이주하기 전에 어떤 식으로 소유지를 처분했는지 잘 알고 있었을 것입니다. 그리고 나오미의 사정이 어떠한지도 자세히 알고 있었을 것입니다.

한밤중에 룻이 자기에게 찾아와서 결혼 의사를 밝힌 것이 시어머니인 나오미의 생각이었을 것으로 이해한 것입니다. 나오미는 그 기업 무를 권리를 팔겠다는 의사를 전한 것이고, 보아스는 그것을 받은 것입니다.

보아스는 자신에게 전체를 의탁하는 룻의 행동을 바로 나오미의 강력한 부탁으로 파악한 것이고, 따라서 보아스가 룻에게 한 약속은 바로 나오미에게 한 약속과 진배가 없었던 것입니다.

보아스의 말은 그 기업 무를 자에게 일방적으로 의무 이행을 촉구하는 것이 아닙니다. 오히려 촉구는 하면서도 빠져나갈 구멍을 만들어 줍니다. 밭을 무를 의향이 없으면 자기가 무를 터이니 자유롭게 결정하라고 합니다. 보아스는 결정권을 그 사람에게 먼저 주면서도 자신의 의사 표시를 분명히 합니다.

보아스의 일처리가 매우 정확하고 명쾌하다는 느낌을 받습니다. 보아스의 그런 제안에 그 '기업 무를 자'가 그러겠노라 대답을 합니다. 이 대목에서 그 사람이 못하겠노라 대답을 했다면 일은 싱겁게 끝나는 것입니다. 아마 그 다음에 보아스는 룻과의 결혼을 선언하였을 것으로 보입니다.

그러나 현장 분위기상 그 사람은 우선 보아스의 제안을 거절하기가 매우 곤란했을 것입니다. 기업 무를 자 순번으로 두 번째에 해당하는 보아스가 무슨 연유인지는 모르나 백성의 장로들과 성읍 사람들 앞에서 그 사람이 하지 않겠다면 자기가 하겠다고 나서는 마당에 일순위인 자신이 못하겠다고 말하기 어려웠을 것입니다.

만일 보아스의 제안에 못하겠다고 하면 법적 의무를 회피하는 것으로 비쳐졌을지 모릅니다. 현장에 있던 사람들에게서 무언의 압력이 느껴졌을 수도 있습니다. 룻과 결혼하는 문제가 마음에 걸리기는 했겠지만, 우선 소유지를 무는 정도는 하겠다고 순순히 대답합니다.

사실 그 일은 그에게 손해가 아니라 오히려 자기 소유지를 늘리는 일입니다. 그 밭의 소산을 가지고 나오미의 가족을 부양하고 나머지는 자신의 소유로 취할 수 있기 때문입니다. 그런 계산이 있어 그 사람은 기업 무를 자의 의무를 승낙합니다.

빈 마음이 하나님의 생각을 이룬다

"보아스가 이르되 네가 나오미의 손에서 그 밭을 사는 날에 곧 죽은 자의 아내 모압 여인 룻에게서 사서 그 죽은 자의 기업을 그의 이름으로 세워야 할지니라 하니 그 기업 무를 자가 이르되 나는 내 기업에 손해가 있을까 하여 나를 위하여 무르지 못하노니 내가 무를 것을 네가 무르라 나는 무르지 못하겠노라 하는지라."

Then Boaz said, "On the day you buy the land from Naomi, you also acquire Ruth the Moabite, the dead man's widow, in order to maintain the name of the dead with his property." At this, the guardian-redeemer said, "Then I cannot redeem it because I might endanger my own estate. You redeem it yourself. I cannot do it."

그 기업 무를 자의 승낙이 있고 난 다음, 보아스는 그에게 '그렇다면 그 밭을 사는 날에 모압 여인 룻도 사야 합니다'라고 한 마디를 덧붙입니다.

그런데 보아스의 말을 해석하는데 조금 어려움이 있습니다. 왜냐하면 보아스의 말은 두 가지로 해석이 가능하기 때문입니다. 첫째는 밭을 무르는 날에 '네가 룻도 사야 한다'(you must acquire)로 번역하는 것이고, 둘째는 밭을 무르는 날에 '내가 룻을 사겠다'(I will acquire)로 번역하는 것입니다. 대부분의 성경은 첫 번째 번역을 따르지만, 원문은 두 번째 번역도 충분히 가능함을 보여줍니다.

첫 번째 번역을 따르면, 보아스는 그 사람에게 룻도 그의 소유로 삼아야 한다는 사실을 환기시킨 것입니다. 즉, 룻과 결혼해야 한다는 말입니다.

사실 친족은 과부로 남은 여인과 결혼할 의무는 없었습니다. 신명기 25장 6-7절을 보면 홀로 남은 과부와 결혼하는 의무는 직계 형제에게만 있었습니다. 어쩌면 보아스 시대에 그것이 친족에게까지 확대되었는지 알 수 없지만, 정확한 것은 율법에 그런 조항이 없다는 것입니다. 아무튼 보아스는 그 사람에게 밭을 무르는 날에 룻과 결혼해야 한다고 말합니다.

두 번째 번역을 따르면 그 사람은 룻과 결혼할 의무까지 감당할 필요가 없기 때문에 보아스가 룻과 결혼하겠다고 자청하고 나선 것입니다.

첫 번째 번역이나 두 번째 번역이나 그 이름 없는 사람의 입장에서는 도저히 받을 수 없는 선택이었습니다. 자기가 룻과 결혼하는 선택도 가당치 않은 일이요, 보아스가 룻과 결혼하는 것도 가당치 않은 일이기 때문입니다.

보아스가 룻과 결혼하여 아이를 낳아 말론의 후손으로 입적을 시키면 그 사람이 무른 밭은 다시 그 아이의 소유로 환원되어야 합니다. 나오미 가족의 재산으로 환수되는 것입니다.

그 이름 없는 사람은 그러한 계산을 하고서 즉각 "내 기업에 손해가 있을까 하여 못하겠다"고 답변을 합니다. 그 사람은 끝까지 자신의 기업에 손해가 있을까 없을까 하는 측면에 신경이 곤두서 있었던 것 같습니다. 그러니 고엘로서 하나님의 율법을 이행하는 일에 큰 관심이 없습니다. 이처럼 자기의 사욕이 앞서게 되면 하나님의 일을 이룰 가능성은 없게 됩니다.

여기서 한 가지 측면을 고려해 볼 수 있는데, 그 이름 없는 사람은 보아스가 독신이라는 사실을 잘 알고 있었다는 것입니다. 그리고 공개 법정을 소집한 보아스의 행동을 통해 그가 룻과 결혼하고 싶은 의사가 강하게 있음을 감지했을 것으로 생각됩니다.

이러한 측면들을 염두에 두고 그 이름 없는 사람은 모든 증인들 앞에서 기업 무를 자의 권리와 의무를 보아스에게 양도합니다. 그 이름 없는 사람은 '나는 그렇게 할 생각이 없다'라고 강력하게 거절한 것이 아닙니다. 그의 말은 '나는 그렇게 할 능력이 안 된다'는 뜻입니다. 그렇게 하고 싶은 의사가 있다고 할지라도 현실적으로 능력이 모자란다는 말입니다. 다소 소극적으로 뒷전으로 빠지는 모양새입니다.

그 이름 없는 사람이 경제적인 이해관계를 따져 자기가 투자한 돈을 잃게 되면 출혈이 크다고 생각했던 것 같습니다. 그러나 동시에 보아스의 마음을 읽고서 슬그머니 뒷전으로 빠져 준 측면도 전혀 배제할 수 없습니다. 관습에 따라 그 이름 없는 사람은 자기 신을 벗어 보아스에게 줍니다. 그것으로 자신의 기업 무를 권리를 양보합니다.

이 장면을 읽으면 보아스는 정말 마음을 비우고 이 일에 임한 것이라는 생각을 하게 됩니다. 만에 하나라도 그 이름 없는 사람이 룻과 결혼을 하겠다고 결정을 했다면 보아스와 룻의 대화는 수포로 돌아가고, 하는 수 없이 룻을 양보할 처지에 몰렸을 것입니다.

보아스는 그 사람이 룻과 결혼하려고 할지 아니면 거절할 것인지 결론을 가지고 이 공개법정에 임한 것이 아닙니다. 보아스는 그 이름 없는 사람이 기업 무를 자의 의무나 룻과의 결혼을 마다하는 경우 자신이 그를 대신할 용의가 충분히 있다는 사실을 분명하게 밝혔습니다. 그렇다고 해서 그것이 그 이름 없는 사람에게 포기하라는 위협이나 압박 요인으로 작용한 것은 아닙니다.

보아스는 룻과 결혼을 하고 싶은 마음이 확실하게 있었지만, 그 모든 일의 결국을 하나님께 맡겼던 것입니다. 보아스는 어쩌면 그 사람이 의무를 이행한다고 해도 그것이 룻에게도 나쁘지 않을 것이라고 마음먹었을 수도 있습니다. 그리고 기쁜 마음으로 보내 주었을 것입니다. 그런 빈 마음이 아니고서야 그 이름 없는 사람에게 먼저 선택권을 주지 못했을 것입니다.

더군다나 보아스는 그 절차를 밟는 과정에서 초조해 하거나 마음 졸이는 모습을 보이지 않습니다. 하나님을 신뢰하고 하나님이 역사하시는 방향으로 따르는 빈 마음이 있었기에 하나님이 그의 생각을 이루어 주셨던 것입니다.

하나님의 일에서
발을 빼지 말라

룻 4:7-12

⁷ 옛적 이스라엘 중에는 모든 것을 무르거나 교환하는 일을 확정하기 위하여 사람이 그의 신을 벗어 그의 이웃에게 주더니 이것이 이스라엘 중에 증명하는 전례가 된지라 ⁸ 이에 그 기업 무를 자가 보아스에게 이르되 네가 너를 위하여 사라 하고 그의 신을 벗는지라 ⁹ 보아스가 장로들과 모든 백성에게 이르되 내가 엘리멜렉과 기룐과 말룐에게 있던 모든 것을 나오미의 손에서 산 일에 너희가 오늘 증인이 되었고 ¹⁰ 또 말룐의 아내 모압 여인 룻을 사서 나의 아내로 맞이하고 그 죽은 자의 기업을 그의 이름으로 세워 그의 이름이 그의 형제 중과 그 곳 성문에서 끊어지지 아니하게 함에 너희가 오늘 증인이 되었느니라 하니 ¹¹ 성문에 있는 모든 백성과 장로들이 이르되 우리가 증인이 되나니 여호와께서 네 집에 들어가는 여인으로 이스라엘의 집을 세운 라헬과 레아 두 사람과 같게 하시고 네가 에브랏에서 유력하고 베들레헴에서 유명하게 하시기를 원하며 ¹² 여호와께서 이 젊은 여자로 말미암아 네게 상속자를 주사 네 집이 다말이 유다에게 낳아준 베레스의 집과 같게 하시기를 원하노라 하니라.

행동으로 증명하라

"옛적 이스라엘 중에는 모든 것을 무르거나 교환하는 일을 확정하기 위하여 사람이 그의 신을 벗어 그의 이웃에게 주더니 이것이 이스라엘 중에 증명하는 전례가 된지라"

Now in earlier times in Israel, for the redemption and transfer of property to become final, one party took off his sandal and gave it to the other. This was the method of legalizing transactions in Israel.

룻기 저자는 7절에서 그 시대의 풍습을 간략하게 소개합니다. 이것은 그 기업 무를 자가 신을 벗는 행동을 하는 배경을 알려주려는 것입니다.

이 구절은 룻기의 이야기 흐름상 꼭 필요한 내용은 아닙니다. 한참 긴장되는 순간에 잠시 뜸을 들이는 역할을 합니다. 그래서 필자도 본문의 흐름과 상관이 없는 묵상을 해 보려고 합니다.

신을 벗는 행위는 일종의 '문화적 코드'라 할 수 있습니다. 그 시대 사람들에게 그것은 매우 중요한 의미를 가졌습니다. 그것은 상징적인 행동이지만 당시의 문화 공간을 살았던 사람들에게는 중요한 의사전달 수단이었습니다. 신을 벗어 이웃에게 혹은 상대방에게 주면 그것이 무엇을 뜻하는지 즉각 이해되었습니다. 무언(無言)의 의사전달인 셈입니다.

예를 들어, 우리가 하품을 하면 그것은 '피곤하다' 혹은 '졸 립다'는 몸의 자기 의사표현이 됩니다. 하품의 경우에는 자연적 인 행동이 되지만, 신을 벗는 행위는 사회적인 동의가 실려 있 습니다. 그 행위는 그런 의미로 이해하기로 합의한 것입니다.

옛날 사람들은 몸 언어로 말하는데 능숙했던 것 같습니다. 일종의 몸 언어 혹은 행동 언어에 능통했던 것입니다. 행동을 보고 상대방의 마음이나 의도를 파악하는 것입니다. 요즘에는 말이 지나치게 많다는 생각을 하게 됩니다. 그래서 침묵의 언어 가 그리워지기도 합니다.

말과 행동이 함께 가는 것이 중요합니다. 언행일치를 이루 는 것입니다. 말은 그럴 듯한데 행동이 뒷받침 되지 않으면 신 뢰하기 어렵습니다. 말로는 사랑한다 말하면서도 행동이 없으면 말이 공허하게 됩니다. 이제는 몸 언어 혹은 행동 언어를 회복 해야 하지 않을까 싶습니다.

말을 하지 않아도 행동으로 사람들의 마음을 얻을 수 있 습니다. 그래서 '행동이 말보다 더 소리가 크다'(Actions speak louder than words.)는 말을 합니다. 몸으로 보여주고, 행동으로 보여주고, 삶으로 보여주는 일이 더 중요합니다.

신앙의 세계는 특히 더 그렇습니다. '교회 다니는 사람치고 말 못하는 사람 없더라'고 합니다. 교회 다니는 사람들이 말은 잘하지만 행동은 그만 못하다는 말입니다. '천국에 가면 사람들 의 입만 잔뜩 와 있을 것이다'라는 말도 합니다. 입으로만 하나 님을 섬겨서 입만 천국에 들어간다는 풍자입니다.

신앙은 몸과 행동과 삶으로 보여야 합니다. 신앙생활은 말로만 하는 것이 아닙니다. '하나님의 나라는 말에 있지 않고 능력에 있다'는 사실을 기억해야 합니다.

발을 빼면 기회를 놓친다

"이에 그 기업 무를 자가 보아스에게 이르되 네가 너를 위하여 사라 하고 그의 신을 벗는지라"

So the guardian-redeemer said to Boaz, "Buy it yourself." And he removed his sandal.

그 기업 무를 자가 드디어 신을 벗습니다. 여기서 '신발'이 상징하는 바가 있습니다. 구약에서 '신발'(shoes) 혹은 '발'(feet) 은 권력, 소유 혹은 지배를 상징합니다. 모세가 하나님의 산에 올라갔을 때 신을 벗으라는 명령을 받습니다. 그것은 하나님의 권세에 대한 인정을 상징합니다. 다윗이 맨발로 다녔던 적이 있습니다(삼하 15:30). 그것은 그가 무력하고 수치 가운데 있음을 상징합니다.

또한 어떤 일에 '발을 들여 놓다'는 말이 있는데, 이것은 어떤 일을 시작했거나 참여하게 되었음을 의미합니다. 반대로 '발을 뺀다'는 말은 더 이상 관여하지 않고 거래하지도 않는다는 뜻입니다. 그 기업 무를 자는 신을 벗음으로서, 자신은 이 일에서 발을 뺀 것입니다.

그 기업 무를 자는 신발에서 발을 빼었을 뿐 아니라 결국 하나님의 계획에서 발을 뺀 것이 되었습니다. 신을 신고 하나님의 길을 갔어야 했는데, 그것을 스스로 거절했습니다. 하나님의 계획의 일부가 될 수 있는 기회였는데, 그것을 스스로 걷어 차 버렸습니다.

그 시대에 태어나 나오미의 친족으로 살다가 기업 무를 권리가 주어졌고 룻과 결혼할 선택이 주어졌다는 것 자체가 하나님의 계획안에서 그에게 주어진 엄청난 특권이요 선택권이 아닐 수 없었는데, 그 사람은 그것을 깨닫지 못했습니다. 자기 앞에 놓인 선택과 권리가 하나님의 계획안에서 무엇을 의미하는지 전혀 몰랐습니다. 그래서 하나님의 기회를 놓쳤습니다.

우리에게도 하나님의 일과 계획을 이룰 수 있는 기회가 옵니다. 이기적인 욕심에 눈이 어두워지지 않도록 조심해야 합니다. 개인적인 손해를 보기 싫어 하나님의 일에서 발을 빼는 어리석음을 보이지 말아야 합니다.

우리는 신을 벗지 말아야 합니다. 하나님이 우리에게 맡기신 권리와 책임을 기꺼이 짊어지고 가야 합니다. 그것이 하나님의 일에 발을 들여놓는 것이고, 하나님의 동역자로 사는 것입니다.

사람들의 마음을 얻는 방법

"보아스가 장로들과 모든 백성에게 이르되 내가 엘리멜렉과 기론과
말론에게 있던 모든 것을 나오미의 손에서 산 일에 너희가 오늘 증인이
되었고"

Then Boaz announced to the elders and all the people,
"Today you are witnesses that I have bought from Naomi all
the property of Elimelek, Kilion and Mahlon."

보아스가 모든 증인들 앞에서 "엘리멜렉과 기론과 말론에게
있던 모든 것"을 나오미를 위해 무르겠다고 선언합니다. 이 말
은 아이가 태어나면 그 땅을 나오미의 가족에게 돌려주겠다는
것입니다. 보아스는 이것을 모든 성읍 사람들 앞에서 공개적으
로 약속을 합니다. 그 기업 무를 자와는 달리 보아스는 자신의
손해를 감수한 것입니다.

보아스는 성읍 사람들이 모인 앞에서 룻을 굳이 '모압 여인
룻'으로 언급합니다. 자기가 결혼하게 될 대상인 룻의 근본을 일
부러 밝히고 있습니다. 이스라엘 사람들이 모압 민족에 대해 좋
지 않은 정서를 가지고 있음을 누구보다 잘 알고 있던 그가 룻
이 이방 여인이라는 사실을 공개석상에서 환기시키고 있습니다.
그리고는 룻과의 결혼을 공식적으로 선언합니다.

보통 사람들은 그런 자랑스럽지 못한 측면에 대해 슬쩍 넘
어가려고 합니다. 그러나 보아스는 그러지 않았습니다. 이것은

롯과 자신의 결혼에 관해 혹시나 있을지 모르는 사람들의 입방아를 사전에 막기 위한 조치로 보입니다. 자신의 결혼이 어떤 성격을 띠고 있는지 일부러 큰 소리로 선언합니다. 사람들의 호기심을 잠재우기 위한 적극적인 대처가 아닐 수 없습니다.

보아스가 룻을 아내로 취하는 가장 큰 이유가 죽은 자의 이름을 잇게 하려는 것임을 분명히 선언합니다. 룻과 결혼하려는 동기가 하나님의 율법을 이행하기 위한 것임을 정확하게 설명한 것입니다.

이제 성읍 사람들은 보아스의 결혼 동기가 무엇인지 분명히 이해하게 되었을 것입니다. 보아스의 설명을 좋게 받아들였을 것입니다. 그 기업 무를 자의 이기적인 행동과 비교해서 자발적으로 손해를 감수하겠다는 보아스의 신실함을 칭송했을 것입니다. 보아스는 사람들이 쓸데없는 상상을 할 근거를 제거하고, 오히려 사람들의 마음을 얻게 됩니다.

남의 이름을 위하면 하나님이 갚으신다

"또 말론의 아내 모압 여인 룻을 사서 나의 아내로 맞이하고 그 죽은 자의 기업을 그 이름으로 잇게 하여 그 이름이 그 형제 중과 그 곳 성문에서 끊어지지 않게 함에 너희가 오늘 증인이 되었느니라 하니"

I have also acquired Ruth the Moabite, Mahlon's widow, as my wife, in order to maintain the name of the dead with his property, so that his name will not disappear from among his family or from his hometown. Today you are witnesses!

보아스는 죽은 자의 체면도 살려 줍니다. 그의 이름이 이어지도록 모든 조치를 취합니다. 자기 자신의 손해를 감수하면서까지 그렇게 합니다. 물론 산 자들에게 친절과 호의를 베푸는 일은 두 말할 것도 없습니다. 이러한 보아스의 마음 씀씀이에 하나님이 보응하시고 보답하십니다.

우리가 잘 알고 있듯이, 누가복음 14장 13-14절에 보면 가난하고 궁핍한 자들을 공대하면 하나님이 갚아 주실 것이라는 말씀이 있습니다.

"잔치를 베풀거든 차라리 가난한 자들과 몸 불편한 자들과 저는 자들과 맹인들을 청하라. 그리하면 그들이 갚을 것이 없으므로 네게 복이 되리니 이는 의인들의 부활 시에 네가 갚음을 받겠음이라 하시더라."

가난한 자, 병든 자, 저는 자와 맹인들을 잔치에 초대하고 손님으로 접대하는 것입니다. 그들을 잔치에 초청할만한 사람들로 여긴다는 말입니다. 무너진 자존심을 세워주고, 망가진 체면을 살려주고, 가난한 자들에게 먹을 것을 제공하는 일입니다.

내면의 가치를 회복시켜주고, 삶의 여건을 마련해 주는 것입니다. 보아스가 바로 이런 역할을 했습니다. 이웃의 구원자 역할을 했습니다.

또한 보아스는 자신의 생각이 생각에 그치지 않을 것임을 분명히 합니다. 본문에서 보아스의 선언은 "너희가 오늘 증인이 되었다"는 말로 시작하고, 마칠 때 동일하게 그렇게 말합니다.

이것은 자신이 선언한 내용이 법적 구속력을 가진다고 천명한 것입니다. 자기는 이 약속을 반드시 지킬 것을 성읍 모든 사람들 앞에서 언약한 것입니다.

보아스의 이런 모습은 예수님의 사역을 예견해 줍니다. 예수님은 우리의 '고엘', 즉 구원자로 이 땅에 오셨습니다. 우리 인간은 죄로 인해 하나님과 단절된 비참한 삶을 살게 되었습니다. 그런데 예수님은 우리를 사랑하셔서 우리가 잃어 버렸던 하늘의 기업을 물러 주시려고 오셨습니다. 자신의 몸을 제물로 바치셨던 것입니다.

예수님은 우리를 위해 이만저만한 손해를 보신 것이 아닙니다. 원래 부유하신 분이 우리를 위해 가난하게 되셨습니다. 그 결과 영원히 죽을 수밖에 없던 비천한 죄인들이 영광스런 하나님의 신부가 되었습니다. 그래서 하나님은 예수님의 이름을 지극히 높여 주셨습니다. 그래서 땅과 하늘에 있는 모든 이름이 예수 이름 앞에 절하도록 만드셨습니다.

이와 같이 하나님은 죽은 자의 이름을 살려주고 산자에게 친절을 베푼 보아스의 이름을 높여 주시고, 보아스의 가문이 역사에 기록되도록 하셨습니다.

오늘도 하나님은 동일하게 역사하십니다. 죽은 자와 산 자들에게 선대하며 살기 바랍니다. 그러면 하나님의 놀라운 보답과 은총이 반드시 임할 것입니다.

사람을 통해 하나님의 복이 선포된다

"성문에 있는 모든 백성과 장로들이 이르되 우리가 증인이 되나니
여호와께서 네 집에 들어가는 여인으로 이스라엘의 집을 세운 라헬과 레
아 두 사람과 같게 하시고 네가 에브랏에서 유력하고 베들레헴에서 유명
하게 하시기를 원하며 여호와께서 이 젊은 여자로 말미암아 네게 상속자
를 주사 네 집이 다말이 유다에게 낳아준 베레스의 집과 같게 하시기를
원하노라 하니라."

Then the elders and all the people at the gate said, "We
are witnesses. May the Lord make the woman who is coming
into your home like Rachel and Leah, who together built up
the family of Israel. May you have standing in Ephrathah
and be famous in Bethlehem. Through the offspring the Lord
gives you by this young woman, may your family be like that
of Perez, whom Tamar bore to Judah."

보아스의 선언을 듣고 현장에 있던 모든 사람이 화답을 합
니다. 성에 모여 있던 백성들이 증인이 되어 보아스가 선언한
룻과의 결혼 예고에 한결같은 마음으로 축복을 기원해 줍니다.

특히 룻기의 저자는 '모든 백성'을 '장로들' 보다 먼저 언급
하며 그들이 축복을 기원했음을 언급합니다. 이것은 보아스와

이방 여인 룻의 결혼이 베들레헴 신앙 공동체 전체에 큰 의미가 있기 때문이기도 하고, 이방 여인 룻이 모든 백성 앞에서 정식으로 이스라엘의 구성원으로 받아들여진 것이라는 사실을 강조해 주는 것입니다.

증인들이 복을 빌어준 내용은 룻기 전체의 요약으로, 그 대상은 보아스의 신부, 보아스 그리고 보아스의 집입니다. 즉 룻과 보아스와 그들에게서 태어날 아기를 축복하는 것으로 이들의 인생에 여호와께서 주인이 되시고 인도해 주실 것임을 선언합니다. 그리고 그들 각자의 상황과 입장에 따라 여호와의 복이 적절하게 임하시기를 기원합니다.

사람들은 룻을 현숙한 여인으로 평가했습니다. 보아스 역시 그 사회의 유력한 사람이었습니다. 백성들과 장로들은 보아스가 사심을 가지고 이 일을 추진한 것이 아님을 알았습니다. 보아스가 희생적인 마음으로 나오미 집안을 살리고 룻의 형편을 돌아보려는 것임을 알아본 것입니다. 이런 보아스의 희생적인 마음을 알았기에 진심이 담긴 축복을 빌어줍니다.

하나님도 룻과 보아스의 집에 복을 내리실 계획을 갖고 계셨습니다. 그런데 그 내용을 미리 모든 백성과 장로들의 입을 통해 선포하십니다. 사람들의 마음이 자발적으로 움직여 마치 하나님의 마음을 대변해 주는 듯합니다.

이런 모습이 영적인 징표입니다. 주변 사람들이 어떤 마음으로 우리를 대하는지 보면 우리가 하나님의 복을 받게 살고 있는지 아닌지 가늠할 수 있습니다. 살기는 엉터리로 살면서 하나님의 복을 기대할 수 없습니다.

사람들의 인정과 칭송과는 전혀 상관없이 살고 있다면 하나님의 복에서 거리가 멀리 있음을 알아야 합니다. 이웃 사람들의 비난을 받으면서 하나님의 복을 구하는 일은 가당치 않습니다.

하나님의 복이 우리에게 임하시기 전에 사람들의 마음과 입을 통해 먼저 우리에게 선포됩니다. 복 받을 사람인지 아닌지는 이웃이 먼저 알아봅니다. 만약 이웃과 사회에 지탄의 대상이 된다면 하나님의 복을 기대하기 어렵습니다.

우리의 삶은 더불어 사는 이웃이 볼 때에 아름다운 삶이어야 합니다. 그런 다음에야 하나님의 복이 우리 삶에 임합니다.

여인들의 역할을 중시하라

"여호와께서 네 집에 들어가는 여인으로 이스라엘의 집을 세운 라헬과 레아 두 사람과 같게 하시고"

May the Lord make the woman who is coming into your home like Rachel and Leah, who together built up the family of Israel.

그들은 룻에게 복을 기원합니다. 그들은 룻의 이름을 언급하지 않습니다. "네 집에 들어가는 여인"으로 언급합니다. 여기의 '여인'은 '아내'라고 번역됩니다. 그들은 이미 룻을 이스라엘의 일원으로 인정하며 그녀가 라헬과 레아의 역할을 하게 되기를 기원합니다.

라헬과 레아 두 여인은 '이스라엘의 집을 세운 사람들'이었습니다. 그것은 그 두 여인의 몸에서 이스라엘 열 두 지파 가운데 여덟 아들이 탄생했기 때문입니다. 야곱의 아들들을 낳음으로서 그 여인들은 이스라엘 민족의 탄생을 가능케 했던 존재들입니다. 룻과 보아스에게서 태어날 아이가 마치 열 두 족장의 역할에 버금가는 역사적 의미를 가질 것이 예견되고 있습니다.

그리고 '이스라엘의 집을 세운다'는 표현은 다윗의 간구를 기억나게 합니다. 다윗이 하나님께 여호와의 집, 즉 성전을 지으려고 했으나 하나님이 거절하십니다(삼하 7장). 그래서 다윗은 하나님의 집 대신에 자신과 이스라엘 왕가를 위한 집을 짓습니다(삼하 7:27).

그들의 기원이 다윗의 출현을 전망하고 있음은 의미심장합니다. 베들레헴 백성과 장로들의 기원이 역사 속에서 현실로 이루어집니다.

그런데 여기서 우리는 중요한 사실을 깨닫습니다. 즉, 하나님의 섭리 가운데 룻이 이스라엘 집을 짓는 역할을 하게 될 것이지만, 성읍 백성과 장로들의 기도 지원이 있었다는 사실입니다. 하나님이 주도적으로 일을 이루시지만, 기도 지원이 있어야 합니다. 중보 기도가 중요한 이유가 여기에 있습니다.

이 본문에서 또 특별히 주목해야 할 부분은, 성읍 백성과 장로들의 간구에 여인들의 이름이 매번 등장하는 것입니다. 라헬과 레아가 등장하고, 에브랏이 등장하고, 다말이 등장합니다. 에브랏이란 지명과 부족은 여인 에브랏의 이름을 따서 지은 것입니다.

다말의 상황이나 행동은 룻과 유사한 점이 많습니다. 그들은 아이가 없는 과부였고, 친족이 있었음에도 그 친족이 나서서 아무 것도 하지 않았습니다. 여인들이 직접 나서서 일을 벌이게 되고, 죽은 자의 이름을 잇는 일을 주도합니다. 즉 여인들의 적극적인 행동이 가문의 이름을 잇게 만듭니다.

여인들은 순종적이고 수동적이어야 한다는 전통 사회의 틀을 깨고 도전을 던졌습니다. 그리고 이 여인들의 행동을 하나님이 인정하셨습니다. 결국 하나님의 구원 역사를 이어가는 일에 여인들이 중요한 역할을 합니다.

한국 교회도 전통적인 요소가 다분히 영향을 미치고 있습니다. 특히 여성의 비중과 역할에 있어 한계가 많습니다. 기독교 공동체는 남자와 여자, 상전과 하인, 유대인과 이방인 사이의 구별이나 차별이 없어야 합니다. 우리는 아직도 그 수준에 훨씬 미치지 못하고 있다고 생각됩니다.

교회 공동체 안에 여성의 위치와 역할에 주목을 해야 합니다. 하나님의 구원 역사를 이루는 일에 여성의 기여가 매우 요긴하기 때문입니다.

기도는 앞길을 예비한다

"네가 에브랏에서 유력하고 베들레헴에서 유명하게 하시기를 원하며"

May you have standing in Ephrathah and be famous in Bethlehem.

성읍 백성과 장로들의 두 번째 기원은 보아스에 관한 내용입니다. 그들은 보아스가 '에브랏에서 유력하고 베들레헴에서 유명하게 되기를' 기원합니다. 현장에 있던 증인들이 왜 에브랏을 언급했는지 알 길이 없습니다. 다만 에브랏과 베들레헴의 연계는 다윗의 출현과 밀접한 관련이 있습니다.

사무엘상 17장 12절을 보면, "다윗은 유다 베들레헴 에브랏 사람 이새라 하는 사람의 아들이었다"고 기록되어 있습니다. 그리고 미가서 5장 2절을 보면, "베들레헴 에브라다야 너는 유다 족속 중에 작을지라도 이스라엘을 다스릴 자가 네게서 내게로 나올 것이라 그의 근본은 상고에, 태초에니라"로 기록되어 있습니다. 여기 에브라다는 에브랏과 같은 지명으로 'Ephrathah' 입니다. 우리말 번역 상 차이가 날 뿐입니다.

이처럼 에브랏과 베들레헴이 연계되어 있는 것은 다윗을 소개할 때에만 나타납니다. 그렇다고 하면, 그 증인들의 기원이 결과적으로 다윗의 출현을 예견하는 셈이 됩니다. 일종의 예언 기도를 올린 셈입니다.

그들은 보아스가 에브랏에서 유력하게 되기를 기도합니다. 그런데 보아스는 이미 유력한 사람이었습니다. 이미 유력한 사람에게 유력하게 되기를 기원하는 것은 어딘가 맞지 않는 것 같습니다. 여기서 장로들이 말한 '유력한'은 '자손을 생산할 능력이 있는'이란 뜻으로 사용되기도 합니다. 따라서 증인들은 보아스가 룻과 결혼하여 자손을 많이 생산하기를 기원해 준 것입니다.

그 때까지 보아스가 아이를 낳아본 적이 없었다고 한다면 그가 생산 능력이 있는지 여부를 알 수 없습니다. 성읍 장로들이 짓궂어서 그런 기원을 올린 것은 아닙니다. 룻기 4장 13절은 여호와께서 룻의 잉태를 가능하게 하셨다고 합니다. 하나님이 아기의 잉태를 가능케 하신 것이 아니라 어쩌면 아기의 잉태가 가능하지 않았을 것이라는 암시가 주어집니다. 룻의 편에 문제가 있을 수 있고 보아스의 편에 문제가 있을 수도 있습니다.

결국 성읍 장로들의 기원은 내막을 자세히 알 수 없는 부분까지 미리 준비한 셈이 됩니다. 보아스가 사실은 '자손을 생산할 능력이 있는'(유력한) 사람이 아니었는데 하나님께서 그들의 기도를 듣고 응답하셔서 아이를 낳게 되었을 가능성도 배제할 수 없습니다. 이처럼 기도는 미처 예상치 못했던 장애물까지 제거합니다.

그들은 또한 보아스가 '유명하게' 되기를 간구합니다. 유명하게 되는 것은 그러한 평가에 합당하게 행동할 때 주어집니다. 남들에게 손해를 끼치지 않고 홀로 잘 사는 것으로 충분치 않습니다. 남들에게 잘못한 것 없고, 그들을 못살게 군 일이 없는 것으로 충분하지 않습니다. 오히려 남들을 위해 손해를 감수할 수 있는 사람이어야 합니다. 적극 나서서 남들을 돕는 사람이어야 합니다. 사람들과 어울려 사는 가운데 그들에게 빛을 비추어주는 역할을 해야 합니다. 그래야 유명한 사람이 됩니다.

성읍 장로들의 기도는 보아스가 지속적으로 남들을 위해 헤세드를 실천하는 하나님의 사람으로 남게 되기를 간구하는 것입니다.

우리 모두 유명한 사람들이 되기를 기원합니다. 세상적으로 유명해지는 것이 아니라 성경적으로 유명해지는 것입니다. 유명해지려고 기를 쓰는 것이 아니라, 남들을 섬기다가 저절로 유명해지는 것입니다. 성읍 장로들의 기도가 우리에게도 이루어지기를 원합니다.

가문의 영광은 하나님의 손에 달려 있다

"여호와께서 이 젊은 여자로 말미암아 네게 상속자를 주사 네 집이 다말이 유다에게 낳아준 베레스의 집과 같게 하시기를 원하노라 하니라."

Through the offspring the Lord gives you by this young woman, may your family be like that of Perez, whom Tamar bore to Judah.

증인들의 세 번째 기원은 여호와께서 후사를 주시고 그를 통해 보아스의 집이 "다말이 유다에게 낳아준 베레스의 집"과 같이 되라는 것입니다. 그 증인들은 특별히 보아스의 조상인 베레스를 언급합니다.

성읍 사람들은 누가 어느 집안 출신인지, 그 집안의 내력은 어찌 되는지 모두 알고 있었던 것 같습니다. 그들은 보아스 가문의 내력을 훤하게 꿰뚫고 있습니다.

이스라엘 역사상 베레스의 집은 용사들의 집으로 기억됩니다. 느헤미야 11장 6절을 보면, "예루살렘에 거주한 베레스 자손은 모두 사백육십팔 명이니 다 용사였느니라"고 기록되어 있습니다. 여기의 '용사'는 '용맹한 전사(戰士)'라는 뜻입니다. 이 때 사용된 '용맹한'이란 형용사는 룻기 앞부분에 사용되어진 '유력한' '유명한'과 같은 단어입니다.

이처럼 보아스와 룻이 이루게 될 가정을 향한 베들레헴 성읍 백성의 기도가 후일 모두 현실이 되어지는 진기한 역사가 일어납니다. 하나님이 기도를 이루어주십니다. 가문의 영광도 하나님의 손에 달려 있음을 깨닫게 됩니다.

이스라엘의 관습을 뛰어넘은 룻의 행동을 통해 새로운 역사가 예견되고 있습니다. 룻 개인의 삶에 일어나는 변화가 전부가 아닙니다. 이방 여인 룻이 이스라엘 역사에 중요한 기여를 하게 됩니다. 그리고 하나님의 구원 역사에 지극히 소중한 역할을 하게 됩니다.

마태복음에 예수님의 계보가 소개되고 있습니다. 그 계보에 네 명의 여인이 등장합니다. 그곳에 룻의 이름도 올라가 있습니다. 이방 여인의 이름이 예수님의 계보에 올려진 것입니다. 룻은 다윗의 조상입니다.

여기에 이방 여인의 이름이 올라와 있다는 사실은 두 가지를 깨닫게 하는데, 첫째는 예수님의 사역이 이방인의 구원을 포함할 것임을 미리 예견하는 것이고, 둘째는 초기 기독교 공동체가 이방인을 향하여 열린 마음을 가지게 될 것을 예견한 것입니다.

오늘 우리가 생각하고 행동하는 일이 장래 어떤 의미를 가지게 될지 모릅니다. 그러나 하나님의 경륜을 따라 우리의 마음을 비우고 하나님의 인도하심을 신실하게 좇는 삶이라면 그것은 분명 하나님의 구원 역사에 의미를 가지게 됩니다. 그래서 지금 여기 우리의 삶이 중요합니다.

그렇기 때문에 오늘 우리 앞에 오는 도전과 어려움에 굴하지 않고 하나님의 길을 찾아 적극적으로 살아야 합니다.

합력하여 선을
이루어 주신 하나님

룻 4:13-22 _____

13 이에 보아스가 룻을 맞이하여 아내로 삼고 그에게 들어갔더니 여호와께서 그에게 임신하게 하시므로 그가 아들을 낳은지라 14 여인들이 나오미에게 이르되 찬송할지로다 여호와께서 오늘 네게 기업 무를 자가 없게 하지 아니하셨도다 이 아이의 이름이 이스라엘 중에 유명하게 되기를 원하노라 15 이는 네 생명의 회복자이며 네 노년의 봉양자라 곧 너를 사랑하며 일곱 아들보다 귀한 네 며느리가 낳은 자로다 하니라 16 나오미가 아기를 받아 품에 품고 그의 양육자가 되니 17 그의 이웃 여인들이 그에게 이름을 지어 주되 나오미에게 아들이 태어났다 하여 그의 이름을 오벳이라 하였는데 그는 다윗의 아버지인 이새의 아버지였더라 18 베레스의 계보는 이러하니라 베레스는 헤스론을 낳고 19 헤스론은 람을 낳았고 람은 암미나답을 낳았고 20 암미나답은 나손을 낳았고 나손은 살몬을 낳았고 21 살몬은 보아스를 낳았고 보아스는 오벳을 낳았고 22 오벳은 이새를 낳고 이새는 다윗을 낳았더라.

일사천리로 일을 이루시는 하나님의 은혜

"이에 보아스가 룻을 맞이하여 아내로 삼고 그에게 들어갔더니 여호와께서 그에게 임신하게 하시므로 그가 아들을 낳은지라."

So Boaz took Ruth and she became his wife. When he made love to her, the Lord enabled her to conceive, and she gave birth to a son.

13절 말씀은 히브리어 열다섯 단어로 되어 있습니다. 보아스와 룻의 결혼식이 있은 후 아이를 낳기까지 사이에 이런저런 일들이 많았을 텐데도 룻기 저자는 그 모든 과정을 생략하고 룻이 '결혼했고, 임신했고, 그리고 아이를 낳았다'는 식으로 열다섯 단어로 기록합니다.

성읍 마당 모임이 있은 후 모든 일이 빠른 속도로 진행되었음을 강조해 줍니다. 이처럼 일을 행하는 것은 사람이지만 그 일의 성취는 하나님께 달려 있습니다. 일단 일이 이루어지는 단계로 들어가면 급속하게 진행됩니다.

그 단계에 이르기까지 사람들은 대부분 마음을 졸입니다. 걱정도 하고 염려도 합니다. 하나님을 믿고 의지하고 맡겨야 하면서도 마음으로 초조해하고 불안해하는 것입니다.

일의 결국을 알지 못하기 때문에 과정을 지나는 동안 중도에 포기하는 경우도 발생합니다. 그러나 어느 단계 혹은 고비를 넘어서게 되면 그 때부터는 일이 일사천리(一瀉千里)로 진행되는 경험을 합니다.

사도 바울처럼 '모든 일이 합력하여 선을 이룰 것이다'라고 믿고 상황을 뚫고 나가려고 하지만, 실제 상황에서는 그것이 쉽지 않음을 종종 발견합니다. 그러다가 어려운 고비가 넘어가고 상황이 풀리게 되면 하나님께 전적으로 맡기지 못하고 안절부절 못했던 자신의 모습을 반성하게 됩니다. 이것이 우리의 자화상입니다.

하나님이 일이 되게끔 해 주시는 때에는 우리가 공들여 할 일이 없습니다. 일이 마치 스스로 풀리는 것 같습니다. 세상 사람들은 그것을 운(運)이라고 말하거나 재수(財數)가 좋다고 말하지만, 성도들은 전적으로 하나님의 간섭하시는 은혜로 깨달아야 합니다. 하나님이 주도권을 갖고 간섭해 주시면 일이 속전속결로 진행됩니다.

하나님은 불가능을 가능케 하신다

"이에 보아스가 룻을 맞이하여 아내로 삼고 그에게 들어갔더니"

So Boaz took Ruth and she became his wife. When he made love to her,

드디어 보아스와 룻이 부부가 됩니다. 룻이 당당히 보아스의 아내가 됩니다. 그런데 본문은 굳이 '룻이 보아스의 아내가 되었다'는 말을 덧붙이고 있습니다. 왜 그랬을까요?

롯과 보아스의 결혼은 당시 특종 기사에 해당합니다. 있을 수 없는 일, 혹은 거의 불가능한 일이 일어난 것입니다. 이스라엘이 상종을 꺼리는 이방 나라 모압 출신의 여인이, 그것도 한 번 결혼을 했던 여인이, 이스라엘 백성 가운데 존경을 받는 유력한 사람 보아스와 결혼을 했다는 사실은 거의 믿기지 않을 사건입니다.

그러나 그런 불가능한 일, 믿어지지 않는 일이 일어났습니다. 기구한 인생 여정을 겪은 롯이 드디어 보아스와 결혼한 것입니다.

롯이 보아스의 아내가 된 것은 롯이 그렇게 되기를 소망했거나 계획했기 때문이 아닙니다. 롯은 그 때 그 때 주어지는 상황 속에서 하나님의 '헤세드' 즉 선한 마음을 가지고 최선을 다했을 뿐입니다.

우리는 여기에서 롯이 보아스와 결혼하고 그의 아내가 된 자신의 모습을 보면서 어떤 생각을 가졌을까 짐작해 봅니다. 영국 시인 바이런(Byron)은 '어느 날 자고 일어나 보니 내가 유명해져 있더라'고 말했다고 합니다. 아마 롯도 '이게 꿈인가 생시인가' 싶은 생각이 들었을지 모릅니다. 롯 자신도 있을 수 없는 일이 일어났다고 생각했을 것입니다. 전적으로 하나님이 하신 일로 고백했을 것입니다.

그래서 롯기의 저자가 '롯이 보아스의 아내가 되었다'고 굳이 언급했던 것으로 보입니다. 사람의 계산으로는 불가능한 일이 하나님의 역사로 이루어진 것입니다.

복음서에 보면 '건축자들의 버린 돌을 모퉁이 돌이 되게 하셨다'는 말씀이 있습니다. 이것은 예수님에 대한 언급입니다. 그러나 우리는 비유 자체에서도 의미를 발견합니다. 건축자들은 건축 분야의 전문가들입니다. 그들이 볼 때 쓸모없는 돌이라고 판정을 했기 때문에 그 돌을 버린 것입니다. 다른 용도로 사용하려고 한 쪽에 보관한 것이 아닙니다. 그런데 하나님이 그것을 모퉁이 돌로 사용하십니다. 건축 전문가들의 판단으로는 도저히 있을 수 없는 일이 일어나는 것입니다.

이와 같이 모압 여인과 보아스의 결혼은 있을 수 없는 일이었습니다. 그러나 하나님이 그런 일이 가능하도록 만드십니다. 하나님이 간섭하시면 우리의 판단과 지각을 뛰어넘는 그런 기이한 일들이 일어나게 됩니다. 이런 하나님의 놀라운 역사를 체험할 수 있기를 바랍니다.

룻기의 저자는 룻의 임신도 여호와께서 허락하신 일이라고 말합니다. '룻이 아이를 갖게 되었다'가 아닙니다. '여호와가 허락하셨다'고 합니다.

여기의 '잉태케 하셨다'를 좀 더 정확하게 번역하면 '잉태를 가능하게 하셨다'는 뜻입니다. 아마 룻은 잉태를 할 수 없는 여인이었던 것 같습니다. 말론과 결혼 생활에서 아이가 생기지 않았던 것도 그런 이유 때문이었을 것으로 추측해 볼 수 있습니다.

룻이 충분히 아이를 임신할 수 있는 능력이 있는 여인이었다면 하나님이 '잉태를 가능하게 하셨다'는 말이 그다지 큰 무게를 갖지 않을 것입니다. 그저 아이를 잉태케 하신 것에 감사하는 차원에서 말하는 것이 아닙니다. 임신이 불가능한 여인 룻을 여호와께서 잉태를 가능하도록 만드셨던 것입니다.

룻기에는 두 번 하나님의 직접 개입을 말합니다. 룻기 1장 6절에 여호와께서 이스라엘 백성들에게 양식을 주신 것과, 룻기 4장 13절에서 룻으로 하여금 잉태케 하신 것입니다.

양식 농사와 자식 농사, 즉 아이의 잉태 모두 인간의 통제를 벗어난 영역입니다. 잘 될 수도 있고, 그렇지 않을 수도 있습니다. 소위 불가항력적인 영역에 속하는 일들입니다. 고대 사회에서 특히 더 그랬습니다.

사람이 아무리 애쓰고 힘써도 하나님이 허락하시지 않고 도와주시지 않으면 할 수 없는 일들입니다. 우리는 하나님이 룻에게 무엇을 어떻게 하신 것인지 모릅니다. 그러나 하나님의 초자연적인 능력이 룻에게 임했던 것은 분명합니다.

이런 측면에서 룻기 저자 역시 인간 삶의 현장 속에서 활동하고 계시는 하나님을 보았던 사람이라 생각됩니다. 보통 사람들의 눈에는 하나님이 보이지 않습니다. 그러나 하나님의 움직임을 마치 선명한 화면으로 보는 것처럼 보면서 사는 사람도 있음을 알게 됩니다.

우리도 하나님의 모습을 볼 수 있으면 좋겠습니다. 인간의 생사화복이 하나님의 손에 달린 것을 진정 믿는다면, 하나님의 능력이 미치지 않는 영역이 없음을 인정해야 합니다. 아니 인정할 수밖에 없을 것입니다.

하나님은 우리보다 앞서 행하신다

"여호와께서 그에게 임신하게 하시므로"
The Lord enabled her to conceive.

아마 보아스는 룻이 아이를 잉태하기 어려운 여인이라는 사실을 몰랐을 것입니다. 룻 자신도 자신이 임신 불가능한 사람이라는 사실을 몰랐을 수 있습니다. 요즘에는 병원에 가서 검사를 하면 임신 가능 여부를 알 수 있지만, 그 당시에는 그런 의료 수준이 아니었습니다.

보아스와 룻은 아이를 갖지 못하는 자신들의 처지를 알고서 하나님께 도움을 호소했던 것이 아닙니다. 아이를 기대했을 수는 있습니다. 더군다나 아들을 구했을 수 있습니다. 그럼에도 불구하고 보아스와 룻은 아이를 갖지 못할 수 있다는 사실을 전혀 모르고 있었을 것입니다.

그들 자신도 모르던 것을 하나님이 알아서 해결해 주신 셈이 됩니다. 하나님은 우리가 간구하지 않은 문제들, 혹은 우리가 미처 모르고 있는 문제들까지 앞서 해결해 주십니다. 우리 앞에 놓여 있는 장애물을 치워 주시는 것입니다.

일들이 순조롭게 진행될 때 앞서 행하시는 하나님의 은혜임을 알고 감사해야 합니다. 간혹 사람들은 자기가 일처리를 잘해서, 혹은 자기가 잘나서 일이 잘 된 것으로 생각할 수 있습니다. 그런 생각은 하나님 앞에서 매우 잘못된 것임을 알아야 합니다.

필자가 싱가포르에 살 때 만난 성도가 있었습니다. 그 형제는 삼십대 후반이었는데, 암에 걸려 어려움을 겪고 있었습니다. 신앙생활을 한지 얼마 되지 않은 초신자였습니다. 그는 싱가포르에 오기 전까지 직장에서 승승장구했던 사람인데, 오히려 그것이 불안할 정도였다고 합니다.

싱가포르에 오게 된 것도 기이했습니다. 그는 서울에서 직장 생활을 할 때 혼자 속으로 '혹시 싱가포르에 가서 근무하면 좋지 않을까'라고 생각했다고 합니다. 회사 안에 누구로부터 아무런 언질도 받은 적 없이 혼자 생각만 했다고 합니다.

그런데 희한하게도 얼마 지나지 않아서 싱가포르로 발령을 받았습니다. 생각만 했는데 그것이 현실로 이루어진 것입니다. 자기도 깜짝 놀랐다고 합니다.

그래서 그는 자신감에 넘치게 되었습니다. 그 자신감을 기초로 그는 주위에 교회 다니는 친구들에게 '교회 다닐 필요 없다' '하나님을 왜 믿냐' 혹은 '하나님이 어디 계시냐'는 등의 말을 하고 다녔다고 합니다.

싱가포르에 와서 한 동안 지내다가 한인들과 교제도 할 겸해서 교회에 '다녀주기' 시작했다고 합니다. 그러다가 전혀 예상치 못하게 암에 걸리게 되었습니다. 암에 걸린 다음 하나님을 조롱했던 부분을 가장 예민하게 회개했다고 했습니다.

그 성도를 보면서 참으로 안타까운 마음이 들었습니다. 우리가 흔히 말하는 것처럼 '있을 때 잘해야' 합니다. 하나님의 은혜를 받을 때 잘 해야 합니다. 늘 하나님 앞에서 겸손해야 합니다. 우리 보다 앞서 행하시는 하나님을 알아보아야 합니다. 그리고 하나님을 향한 찬양과 감사가 있어야 합니다.

하나님을 위해 버리면 얻는다

"그가 아들을 낳은지라"

And she gave birth to a son.

드디어 룻기의 모든 긴장 상황이 해소됩니다. 아들이 탄생함으로 그 동안의 고생과 수고와 눈물에 종지부를 찍게 됩니다. 보아스와 결혼 후 첫 아이를 아들로 낳았습니다. 다른 사람들은 몰라도 룻에게는 그 아들의 탄생이 엄청난 감격이었을 것입니다. 하나님께 한없는 감사와 찬송을 올려 드렸을 것입니다.

나오미의 경우 모압 이주를 처음 결정했을 때부터 그 순간까지 삶의 여정이 파노라마 같이 지나갔을 것입니다. 룻도 마찬가지였을 것입니다. 아들을 두 팔에 안게 되었을 때 그녀는 은혜로 헤쳐 나온 세월에 깊은 감사의 눈물을 흘렸을 것입니다. 룻기 대단원의 막은 여기서 내려지게 됩니다. 행복한 결말입니다.

룻기 전체를 읽으면 무엇이 룻과 나오미의 인생에 행복한 결말을 가져다주었는지 확연히 드러납니다.

첫째는 하나님의 주권적인 간섭입니다. 이 부분은 두 말할 여지가 없습니다.

둘째는 사람들의 '헤세드'(인애)입니다.

나오미는 룻을 위해서, 룻은 나오미를 위해서, 그리고 보아스는 나오미와 룻을 위해서 마음을 써 주었고 수고를 감수했습니다. 서로가 다른 사람을 위해서 마음을 써 주었고 행동한 것입니다. 이것이 어려운 상황을 푸는 열쇠요 비밀입니다.

셋째는 모든 상황에서도 최선을 다하는 모습입니다.

나오미와 룻은 괴로운 과거의 상념에 붙잡혀 있지 않았습니다. 그들은 불안하고 불확실한 미래에 대한 걱정과 염려로 세월을 허송하지 않았습니다. 주어진 형편에서 가능한 일을 찾아 적극적으로 살았을 뿐입니다. 그 과정에 하나님이 지혜를 주시고 생각을 주시고 행동할 수 있는 용기를 주셨습니다.

넷째는 하나님을 위해 모든 것을 버린 룻에게 하나님이 풍성하게 갚아 주신 것입니다.

룻은 본토, 친척 그리고 아버지의 집을 떠나 이스라엘로 왔습니다. 하나님을 찾기 위해 모든 것을 버린 것이었습니다. 이것은 마치 믿음의 조상 아브라함의 모습과 같습니다. 아브라함도 하나님이 지시하시는 땅으로 가기 위해 본토, 친척 및 아비의 집을 버리고 떠났습니다. 아브라함의 가는 길에 하나님의 복이 풍성하게 임했던 사실을 기억합니다. 믿음으로 사는 자들의 모범이었습니다.

우리에게도 동일한 영적 원리가 적용됩니다. 그리스도를 위해 모든 것을 버리면 그리스도와 함께 더 많은 것을 얻게 됩니다. 지금 이 땅에서 백배나 더 풍성하게 갚아주신다고 약속하셨습니다.

우리가 먼저 버리는 것은 쉽지 않습니다. 주님을 위해 모든 것을 버릴 수 있는 믿음이 있어야 살아계신 하나님의 능력을 체험하게 됩니다.

결국 하나님 신앙, 사랑의 마음, 상대방을 배려하는 신실함, 이치에서 벗어나지 않는 행동 그리고 믿음과 인내를 갖고 한 걸음씩 움직였기에, 룻은 상상을 초월한 하나님의 특별 간섭을 체험합니다. 기적과 같은 일들을 체험합니다. 이와 동일한 일들이 오늘 우리의 삶에도 재현될 수 있습니다.

우리 삶이 하나님을 찬송할 재료가 되도록 하라

"여인들이 나오미에게 이르되 찬송할지로다."
The women said to Naomi: "Praise be to the Lord."

다시 베들레헴 여인들이 등장합니다. 그들은 1장 19-21절에서 처음 모습을 나타내었습니다. 그들은 베들레헴으로 돌아온 나오미를 보고 기겁을 했습니다. "이 사람이 나오미 맞아?" 그 때 나오미는 사람들이 알아볼 수 없을 정도로 한심한 몰골이었습니다. 베들레헴 여인들에게 나오미는 관심의 대상이 되지 못했습니다. 나오미와 그 여인들 사이의 교제나 교류가 전혀 기록되어 있지 않습니다. 베들레헴 여인들의 삶에 나오미의 존재는 없는 것이나 마찬가지였습니다.

그러나 14절에서 드디어 극적인 반전이 일어납니다. 베들레헴 여인들이 나오미에게 달려옵니다. 그리고 하나님을 찬양합니다. "찬송할지로다. 여호와께서 오늘날 네게 기업 무를 자가 없게 하지 아니하셨도다."

세 가지를 깨닫게 됩니다.

첫째, 하나님이 사람들 사이에 가로막혀 있던 장벽을 허물어뜨리십니다.

베들레헴 여인들과 나오미 사이에 장벽이 있었습니다. 그들은 나오미 근처에 오는 것도 꺼려했습니다. 나오미 스스로 하나님의 징계를 받았다고 고백했고, 그 여인들은 나오미를 죄인 취급 했던 것입니다. 하나님의 벌을 받은 사람과 상종하기가 껄끄러웠을 것입니다.

그런데 하나님이 나오미에게 복을 주십니다. 그것이 여인들의 생각을 바꾸게 만듭니다. 나오미가 스스로 노력한들 여인들의 태도가 바뀌지 않았을 터인데 하나님께서 바꾸어 주셨습니다.

둘째, 나오미의 삶을 보고 여인들이 하나님을 찬양합니다.

여인들은 하나님이 나오미의 삶에 역사하셨음을 목격했습니다. 여인들이 나오미를 보고 하나님께 찬양을 돌립니다.

우리의 삶을 보고 하나님을 찬양하는 일이 일어나야 합니다. 우리의 삶이 그런 재료요 도구가 되어야 합니다. 우리를 보고 주위 사람들이 하나님을 찬양하는 일들이 일어나기를 바랍니다.

셋째, 하나님이 나오미를 고귀한 존재로 높여주십니다. 여인들은 나오미의 삶에 역사하신 하나님을 보았습니다. 하나님의 역사가 함께 하시는 삶, 그것은 고귀한 삶입니다. 하나님이 역사하시는 삶은 하찮은 삶이 될 수 없습니다. 여인들이 그것을 알아봅니다. 하나님이 나오미를 높여 주신 것입니다.

우리의 삶도 하나님이 높여 주시면 높아집니다. 나오미가 아무리 노력을 해도 여인들의 편견과 무시는 소멸되기 쉽지 않았을 것입니다. 모든 여인들의 마음을 한꺼번에 얻게 된 것은 그야말로 하나님의 은혜입니다.

어제까지 무시를 당했더라도 오늘 급진적인 반전이 일어날 수 있습니다. 하나님이 높여 주시면 높아지지 않을 도리가 없습니다. 이제 여인들이 나오미에게 해 준 말들을 살펴보도록 하겠습니다.

하나님의 축복의 통로가 되는 삶이 되라

"여호와께서 오늘 네게 기업 무를 자가 없게 하지 아니하셨도다."

He this day has not left you without a guardian-redeemer.

여인들은 하나님께서 나오미를 '기업 무를 자, 구원자 없이 인생을 끝내도록 하시지 않았다'고 합니다. 나오미나 룻과 같은 형편에 처하게 되면 누구나 '이제 우리 인생은 끝났다'라고 생각했을 것입니다. 나오미와 룻은 그 상황을 어떻게 돌파해 나갈지 그저 막막했을 것입니다.

인생의 막다른 골목에 처했던 그들에게 하나님께서 보아스를 보내 주셨습니다. 룻이 보아스와 결혼하고 드디어 힘들고 괴로웠던 시절이 다 끝났으니 앞으로 행복한 가정을 이루어 잘 살라는 식으로 복을 빌어주면 될 것 같은데, 베들레헴 여인들이 이상한 말을 합니다. 이제 갓 태어난 아기가 '기업 무를 자' 고엘이라는 것입니다. 여인들의 이 말이 예사롭게 들리지 않습니다.

이제 갓 태어난 아기를 '기업 무를 자', '구원자'라고 부릅니다. 이것은 나오미와 룻의 고생이 해결 받는 차원의 말이 아닙니다. 나오미와 룻의 고생은 보아스와 결혼함으로 끝났습니다. 그런데 무슨 '기업 무를 자' 혹은 '구원자'가 또 필요합니까?

이 말은 나오미와 룻의 진정한 구원자는 보아스가 아니라 이제 갓 태어난 아기라는 사실을 암시해 줍니다. 두 가지 측면에서 그렇습니다.

첫째는 그 아들로 인해 엘리멜렉의 모든 기업이 나오미에게로 돌아오게 되기 때문입니다. 둘째는 그 아들이 앞으로 전개될 나오미와 룻의 집안 전체의 구원자가 될 것이기 때문입니다. '이제 그 아이로 인해 그 집안이 구원을 얻을 것이다'는 뜻입니다. 아이의 역할에 대한 예언적 언급이 아닐 수 없습니다.

우리는 이것을 '거룩한 복선'이라 부를 수 있습니다. 즉, 베들레헴 여인들이 하는 말이 앞으로 일어날 일에 대한 예언이 됩니다. 하나님이 그 여인들의 입을 빌려 장차 일어날 일을 암시해 주신 것입니다.

그 아이를 통해 멀지 않은 장래에 진정한 '기업 무를 자'요 '구원자'가 나타날 것을 복선으로 깔아두신 것입니다. 그 아이는 나오미의 구원자입니다. 또한 그 아이를 통해 후일에 인류의 구원자가 출현하게 될 것이 은연 중 예언되고 있습니다.

하나님의 복과 은혜가 임하시는 방식을 알려줍니다. 하나님의 복은 사람을 통해 나타납니다. 룻에게서 태어난 오벳이 하나님의 복의 화신 역할을 합니다.

하나님의 복은 사람을 통해 전달됩니다. 하나님이 사람을 통해 하나님의 사랑과 복을 깨닫게 하십니다. 또한 우리 자신이 다른 사람을 위한 복의 통로요 수단으로 사용되기도 합니다. 다른 사람들에게 복을 전달하는 수단이요 통로로 하나님이 우리의 삶을 사용하실 수 있기를 바랍니다.

하나님의 역사는 계속된다

"이 아이의 이름이 이스라엘 중에 유명하게 되기를 원하노라"
May he become famous throughout Israel!

여인들은 그 아이가 '이스라엘 중에 유명하게' 되기를 기원합니다. 여인들의 이 말에도 복선이 깔려 있습니다. 베들레헴 지역에서 유명한 사람이 되는 정도가 아닙니다. 이스라엘 전체가 알아 볼 수 있는 차원에서 유명한 사람이 되기를 기원합니다.

여기의 '이스라엘'은 그 아이가 살게 될 공간과 기간을 의미하지 않습니다. 이스라엘 중에 유명하게 된다는 말은 이스라엘 민족의 역사상 유명한 사람이 되는 것을 의미합니다. 그 가문이 특별히 유명하게 되는 일에 그 아이가 중요한 역할을 한다는 뜻입니다.

그 집안에서 '이스라엘 중에 유명하게' 된 사람들은 룻과 보아스, 그리고 가장 중요하게는 다윗 왕입니다. 룻이 낳은 아이 오벳의 행적에 있어서 특별히 주목받을 내용이 기록된 것이 없습니다. 다만 오벳은 룻의 아들로 유명하게 되었고, 다윗의 조상으로 유명하게 되었습니다.

이처럼 룻에게서 태어난 아기에게 하나님의 계획이 있음을 여인들을 통해 미리 알려주셨습니다.

하나님의 계획은 당대로 끝나지 않습니다. 룻의 헤세드에 반응하신 하나님의 헤세드는 넘치는 은혜로 임하게 됩니다. 룻이 낳은 아이를 통해 이스라엘의 왕가(王家)가 탄생하는 놀라운 은혜가 예비된 것입니다.

우리의 삶을 통해 실천하는 헤세드가 하나님의 계속된 은혜를 누리게 합니다. 하나님의 역사가 우리 삶에 지속되어집니다. 자손 대대로 하나님의 헤세드가 우리 가문에 머무르게 됩니다. 오늘 우리가 남들을 위해 헤세드를 실천해야 할 이유가 여기에 있습니다.

돌아오면 하나님이 갚으신다

"이는 네 생명의 회복자이며 네 노년의 봉양자라"
He will renew your life and sustain you in your old age.

15절에서 여인들은 그 아기가 나오미의 '생명의 회복자요 노년의 봉양자'라고 말합니다. 여기의 '회복하다'는 동사는 나오미가 룻기 1장 21절에서 사용한 동사입니다. "여호와께서 나를 비어 돌아오게 하셨느니라."

여기의 '돌아오게 하다'는 동사가 '회복시키시다'와 같은 단어입니다. 처음 여호와께서 나오미를 돌아오게 하실 때는 빈손으로 돌아오게 하셨지만, 이제는 나오미에게 생명이 돌아오도록 역사해 주신 것입니다.

여기의 '봉양'은 물질적 봉양이 아닙니다. 나오미에 대한 물질적 봉양은 보아스와 룻이면 충분하고도 남습니다. 아이가 장성해서 나오미에게 경제적인 도움을 준다는 것이 아닙니다. 아기의 존재가 노년의 인생에 의미와 활력을 주게 될 것이라는 뜻입니다.

노년의 삶을 지탱하는 힘이 아이에게서 나온다는 말입니다. 다시 말해 그 아이를 보면 나오미의 영혼에 생기가 솟게 될 것입니다. 쓰라린 과거를 잊게 하고, 미래에 대한 소망을 갖게 만들기 때문입니다. 이 구절을 통해 우리는 두 가지를 생각하게 됩니다.

첫째로, 하나님의 영토를 벗어나면 생명을 잃게 됩니다.

하지만, 하나님을 향하여 길을 돌이키면 생명이 회복되어집니다. 생명이 돌아오는 체험을 하게 됩니다. 그동안 나오미의 삶은 죽음이나 다름없었습니다. 삶의 의미를 상실하고 살았습니다.

그런데 그 아이의 출생으로 삶에 의미가 회복됩니다. 또한 사는 기쁨도 회복됩니다. 텅 비어 있던 인생, 공허했던 인생, 눈물과 설움이 가득했던 인생이 풍성한 인생, 회복의 인생, 보람으로 가득한 인생으로 탈바꿈되어집니다.

둘째로, 전혀 기대하지 않았던 사람을 통해 인생의 반전을 경험하게 됩니다.

만일 나오미가 혼자 베들레헴으로 돌아왔다면 어떤 인생이 되었을까요? 궁금한 대목이 아닐 수 없습니다. 나오미는 룻이 자기 인생에 그렇게 큰 역할을 하게 될 줄 미처 몰랐을 것입니다.

　결과적으로 나오미의 가장 큰 복은 룻과 함께 돌아온 일이었습니다. 나오미는 룻을 하찮은 존재처럼 여겼을지 몰라도, 룻이 나오미의 생명을 회복시키는 역할을 한 것입니다.

　여기서 우리는 중요한 가르침을 얻습니다. 우리 주변에 별볼일 없게 보이는 사람들이 있을 수 있습니다. 저런 사람이 내 인생에 어떤 역할을 할 수 있을까 의심이 가는 사람도 있을 것입니다. 우리의 관심이나 주목이 가지 않는 사람이 있습니다.

　그러나 하나님의 계획은 알 수 없습니다. 하찮게 여겨지던 사람이 우리 인생에 반전을 가져다 줄 중요한 역할을 할 가능성이 얼마든지 있기 때문입니다. 이런 측면에서 우리는 우리 주변에 있는 모든 사람을 소중하게 바라보아야 합니다. 그것이 하나님의 뜻에 합당한 자세입니다.

사랑하는 마음이 기적을 이룬다

　"곧 너를 사랑하며 일곱 아들보다 귀한 네 며느리가 낳은 자로다 하니라"

　For your daughter-in-law, who loves you and who is better to you than seven sons, has given him birth.

　여인들이 룻에 대해 가졌던 평소 생각이 기록되어 있습니다. "너를 사랑하며 일곱 아들보다 귀한 네 며느리"라고 말합니다. 사람들은 진작에 룻을 알아보았습니다. 룻에 관한 일화들이 사람들 사이에 회자되었습니다. 그들은 룻이 나오미를 지극히 사랑했음을 알았습니다.

룻은 며느리였지만, 일곱 아들보다 귀한 존재라고 합니다. 고대 이스라엘 사회에서 아들의 위치는 대단한 것이었습니다. 일곱이란 숫자는 완전수입니다. 때문에 이 말은 모든 아들들을 다 모아 놓아도 룻 한 사람에 미치지 못한다는 말입니다.

이것은 룻에 대한 최상급 찬사가 아닐 수 없습니다. 룻기 1장 21절에서 나오미는 베들레헴 여인들에게 '나는 이제 빈손이다. 내게 남아 있는 것이 아무 것도 없다'고 말했습니다. 앞서 살펴보았듯이 당시 나오미에게 룻은 거의 존재하지 않는 사람이나 다름없었습니다.

그러나 이제 룻은 나오미의 삶에 가장 소중한 사람이 되었습니다. 룻이 나오미에게 무엇을 어떻게 해 주었기에 그런 찬사가 나왔습니까?

룻은 시어머니에게 인정받기 위해 노력한 것이 아니었습니다. 오히려 룻은 처음부터 끝까지 시어머니 나오미를 사랑하는 마음 때문에 한결같은 모습으로 그녀를 섬겼을 뿐입니다. 사랑하는 마음이 있었기에 줄기차게 신실함을 유지했던 것입니다. 선한 마음으로 시어머니를 섬겼습니다. 흐트러짐 없이 험난한 길을 동행하였습니다.

룻기는 룻의 마음과 행실을 '헤세드'(hesed)라는 용어로 설명합니다. 이것은 하나님의 성품입니다. 룻의 마음에 하나님의 마음이 있었기에 가능했습니다. 베들레헴 여인들이 그것을 알아본 것입니다.

룻기에 기록된 기적과 같은 인생 반전은 룻의 사랑하는 마음에서 비롯되어집니다. 룻의 사랑하는 마음이 기적을 낳은 것입니다. 사랑이 가장 위대한 능력이었습니다. 사랑이 사람의 생명을 살려 냈습니다. 사랑이 하나님을 움직이도록 만들었습니다. 사랑하는 마음이 최고의 기적이었습니다.

필자가 신학교 학생들에게 강조하는 바가 이것입니다. 신학의 최고 경지는 박사 학위가 아니라 사랑하는 마음이라고 말입니다. 우리가 신학을 공부하고 신앙생활을 하는 것은 결국 우리 안에 사랑하는 마음을 키우려는 것입니다. 성경을 많이 알면 알수록 우리 안에 사랑이 자라나야 합니다. 남을 정죄하고 판단하고 비판하고 우습게 여기는 마음이 커지는 것은 바른 신앙이 아닙니다.

내가 하나님 앞에서 바르게 성장하고 있는가 여부는 내 안에 사랑하는 마음이 자라고 있는가에 달려 있습니다. 성경 지식이 늘고 신학적 안목이 생기는 것도 중요한 일입니다. 그러나 무엇보다 우리 안에 사랑의 마음을 키우는 일에 애쓰고 힘써야 합니다. 사랑의 마음이 우리에게 기적을 체험하게 할 것입니다.

하나님은 합력하여 선을 이루신다

"나오미가 아기를 받아 품에 품고 그의 양육자가 되니"

Then Naomi took the child in her arms and cared for him.

보아스와 결혼한 다음 룻은 나오미와 떨어져 살게 됩니다. 물론 늘 연락하고 만나는 밀접한 관계를 유지하면서 살았을 것입니다. 룻의 해산이 임박했을 때 나오미는 자기 집에 있었을 것이고 룻의 해산은 산파가 돌보게 됩니다. 나오미의 입장에서 산모는 건강한지, 아이는 건강한지, 아들인지 딸인지 매우 긴장하면서 소식을 기다렸을 것입니다.

그런데 여인들이 해산의 소식과 함께 아이를 안고 나오미에게로 옵니다. 보아스가 아들을 나오미에게 주어 가문을 잇게 하겠다고 약속했기 때문입니다. 고대 이스라엘에서는 양자를 맞아들이는 경우 예식이 있었다고 합니다. 그러나 여기서는 이미 정해진 일이라 별도로 양자 삼는 예식을 가질 필요가 없었습니다.

그런데 보아스나 룻이 아닌 여인들이 아이를 안고 옵니다. 이것은 두 가지로 설명할 수 있습니다. 첫째, 룻이 아이를 낳은 지 얼마 지나지 않은 시점에 데리고 왔던 것입니다. 둘째, 아이를 해산한 다음 룻이 아직 몸이 회복되지 않아 거동이 불편했을 수 있습니다. 그래서 여인들이 아이를 데리고 옵니다.

여기서도 우리는 보아스와 룻의 세밀한 마음을 확인합니다.

나오미가 얼마나 아기를 보고 싶을지 헤아리는 마음입니다. 아이를 받아 든 나오미의 행동이 그것을 말해줍니다.

나오미는 아이를 자신의 품에 품습니다. 그 때 나오미의 표정이 어땠을까 상상해 봅니다. 아기를 받아 들고 자신의 품으로 가져가 꼭 껴안아 주는 나오미의 몸동작을 그려봅니다.

나오미의 눈에 기쁨의 눈물이 흘러내렸을 것입니다. 모압 땅에서 잃어버린 두 아들 생각이 났을 것입니다. 룻과 보아스에게 감사하는 마음이 올라왔을 것입니다. 무엇보다 여호와 하나님께 감사를 드렸을 것입니다.

나오미의 모습을 바라보던 여인들의 마음에도 감사와 감격이 넘쳐흘렀을 것입니다. 그 동안 모든 과정을 거쳐 드디어 합력하여 선을 이루신 하나님을 깨닫게 되었을 것입니다. 참으로 행복한 결말이 아닐 수 없습니다.

이제 나오미는 그 아이의 양육자가 됩니다. 아기가 늘 나오미와 함께 살았다는 뜻은 아닌 것 같습니다. 나오미의 나이도 있고, 아이를 키우는 것은 나오미 혼자 감당할 수 없는 일이었기 때문입니다.

나오미는 '양모'(養母) 역할을 한 것이요, 룻은 '친모'(親母)로 남는 것입니다. 나오미를 향한 룻의 사랑과 헌신과 인애를 토대로 아이에 대한 양육을 나오미에게 맡겼을 것입니다. 그리고 그 아들을 통해 나오미에 대한 사랑과 돌봄을 이어가도록 했던 것입니다.

나오미는 노년에 외롭고 궁핍한 인생을 살 수 밖에 없었는데, 자기를 막무가내로 따라 온 룻을 인하여 기이한 인생 반전을 경험합니다. 전혀 불가능하게 보였던 자식을 얻기까지 합니다. 나오미의 계산법에서는 가능하지 않는 일이 일어난 것입니다.

나오미로 하여금 베들레헴으로 돌아오겠다는 마음을 일으키신 하나님이 룻을 동행하게 하시고, 이삭줍기를 하게 하시고, 보아스를 만나게 하시고, 룻을 보아스에게 보낼 용기와 지혜를 주시고, 보아스의 마음을 움직여 주시고, 결국 보아스와 룻이 결혼할 수 있도록 해 주셨습니다.

일을 그르칠 수 있는 여지도 충분히 있었지만, 모든 사람들과 변수들을 움직이시어 선을 이루어 주셨습니다. 합력하여 선을 이루어 주신 하나님, 이것이 나오미가 지나 온 삶의 여정의 결론입니다.

역사를 이루는 하나님의 일꾼들이 숨어 있다

"그의 이웃 여인들이 그에게 이름을 지어 주되 나오미에게 아들이 태어났다 하여 그의 이름을 오벳이라 하였는데 그는 다윗의 아버지인 이새의 아버지였더라."

The women living there said, "Naomi has a son!" And they named him Obed. He was the father of Jesse, the father of David.

마지막으로 그 이웃 여인들이 그 아이의 이름을 '오벳'이라고 지어줍니다. 이것은 구약에서 매우 독특한 일입니다. 아이의 이름은 부모가 지어줍니다. 여기서는 부모도 아니고 나오미도 아니고 이웃 여인들이 이름을 줍니다. '나오미가 아들을 낳았다 하여 그 이름을 오벳이라 하였다'고 합니다.

구약에서 이름을 지을 때는 그 이름을 정하게 된 연유가 언급되고 또한 그것이 실제로 이름에 반영됩니다. 그런데 '오벳'이란 이름은 '나오미가 아들을 낳았다'는 설명과 아무런 상관이 없습니다. '오벳'은 '여호와의 종'이란 뜻입니다.

아무튼 그 여인들이 아기의 이름을 지어 주었다는 사실은 어떤 경유를 통해서든지 아기의 이름을 지어줄 수 있는 권한을 위임 받았기 때문이었을 것입니다. 그렇지 않고서야 남의 집 귀한 자손의 이름을 함부로 지을 수 없는 노릇입니다.

여기서 한 가지 생각하게 됩니다. 그것은 룻기 4장에 기록된 내용들이 예언적 성격을 띠고 있다는 점입니다. 성읍 어귀 마당에서 백성의 장로들이 한 말과 여인들의 말에 예언적 내용이 들어있습니다. 그리고 그들의 예언적 내용이 서로 통하기도 합니다. 그리고 룻기 저자는 그들의 예언적인 말들이 그대로 성취되었음을 확인해 주고 있습니다.

그렇다면 이것은 무엇을 말해줍니까? 그들의 말이 그저 '그렇게 되었으면 좋겠다'는 차원에서 한 말이 아니라는 뜻입니다. 그들의 예언적 말 그대로 하나님께서 이스라엘 역사 속에서 이루어주셨기 때문입니다. 이것은 우연한 일이 아닐 것입니다. 이런 현상을 어떻게 설명할 수 있을까요?

백성의 장로들과 여인들 가운데 하나님과 교통하는 선지자급 존재가 있었던 것이 아니었을까 생각하게 됩니다. 룻의 아들의 이름을 짓는 일도 그런 권위를 가진 사람이 있었기에 가능했을 것입니다. 그러지 않고서야 감히 남의 집 귀한 아들의 이름을 제멋대로 지어줄 수는 없습니다.

당시는 하나님이 사사들을 보내어 다스리시던 때였고, 시대적으로 어둡기 짝이 없던 때였습니다. 그러나 그런 어두운 시대에도 룻과 보아스와 같은 믿음의 사람들이 존재했습니다. 그리고 이름도 없고 빛도 없고 기록에도 남지 않았지만 하나님과 깊은 교통을 유지하며 살던 무명의 영적 거장들이 존재했음을 발견합니다. 마치 예수님이 태어났을 당시 시므온과 안나와 같은 숨은 선지자들이 존재했던 것과 같습니다.

하나님의 역사는 그런 사람들을 통해 면면히 이어집니다. 하나님이 숨겨 놓으신 자들, 즉 남은 자들입니다.

한국 교회에도 그런 영계의 거장들이 있을 것으로 믿습니다. 이름도 없고 알려지지도 않고 드러나지도 않지만 그런 분들이 존재합니다. 그들의 피땀 어린 눈물의 기도로 한국 교회가 이만큼 유지되고 있음을 확신합니다.

우리는 모두 하나님의 구속 역사의 드라마에 참여하고 있다

"베레스의 계보는 이러하니라 베레스는 헤스론을 낳았고 헤스론은 람을 낳았고 람은 암미나답을 낳았고 암미나답은 나손을 낳았고 나손은 살몬을 낳았고 살몬은 보아스를 낳았고 보아스는 오벳을 낳았고 오벳은 이새를 낳았고 이새는 다윗을 낳았더라"

This, then, is the family line of Perez: Perez was the father of Hezron, Hezron the father of Ram, Ram the father of Amminadab, Amminadab the father of Nahshon, Nahshon the father of Salmon, Salmon the father of Boaz, Boaz the father of Obed, Obed the father of Jesse, and Jesse the father of David.

룻기는 베레스의 가계에 대한 서술로 마칩니다. 여기에 열 대에 걸친 사람들이 열거됩니다. 보아스가 일곱 번째이고, 다윗이 열 번째입니다.

이 계보는 마태복음에 기록된 계보와 동일합니다. "베레스는 헤스론을 낳고 헤스론은 람을 낳고 람은 아미나답을 낳고 아미나답은 나손을 낳고 나손은 살몬을 낳고 살몬은 라합에게서 보아스를 낳고 보아스는 룻에게서 오벳을 낳고 오벳은 이새를 낳고 이새는 다윗 왕을 낳으니라"(마 1:3-6). 마태복음에는 보아스의 어머니가 기생 라합인 것을 밝히고 있고, 다윗을 왕으로 기록한 것이 다를 뿐입니다.

여기서 우리는 나오미와 룻의 삶이 하나님의 역사에 기록되어 있다는 사실을 주목하게 됩니다. 나오미와 룻은 하나님의 구원 역사를 이루는데 특별한 방식으로 쓰임을 받았습니다.

　나오미도 그렇지만, 특히 룻이 이 땅에 살았던 삶은 단순히 개인의 역사로 그치지 않습니다. 룻의 개인적인 역사가 바로 하나님의 구원 역사에 맞닿아 있습니다. 룻이 아니었다면 이 계보는 쓰여지지 못했을 것입니다. 물론 그 과정에 보아스도 등장하고 백성의 장로들도 등장하고 여인들도 등장합니다. 그들 모두가 함께 하나님의 역사 드라마에 출연하는 배우들입니다.

　이 계보가 갖는 또 다른 중요한 의미는 다윗의 후손에서 예수 그리스도가 탄생하신 것입니다. 이 계보는 하나님의 구속 역사의 광맥을 이루고 있습니다. 인류를 구원하실 메시아가 룻의 후손이라는 사실이 경이로운 일입니다. 모압 출신의 비천한 여인이 창세기에서 약속된 메시아가 이 세상에 오시는 통로로 쓰임을 받은 것입니다.

　룻의 일생은 하나님의 구원 역사를 이루는 과정에서 없어서는 안 되는 꼭 필요한 등장인물이었던 것입니다.

　우리의 삶도 마찬가지입니다. 우리의 삶은 하나님의 구원 역사라는 드라마에 포함되어 있습니다. 다만 각자에게 주어진 역할이 다를 뿐입니다. 우리의 살아가는 길은 각각 다르지만 이 길을 가도록 하신 하나님의 계획이 있습니다. 삶의 목적을 발견하고 우리 각자의 역할을 신실하게 감당하기를 기도합니다.

누구나
이삭줍기 할 때가 있다

초판1쇄 2021년 2월

지은이	이문장
발행인	백성주
편집인	남은경
기획홍보	전세진 박수경
마케팅	정성엽 최명옥
북디자인	이정민 D_CLAY
일러스트	손진

발행처	도서출판 작은소리
등록번호	736-92-00462 제2017-000002호
주소	경기도 구리시 한다리길 49
전화	031) 550-5500
팩스	031) 552-8017
메일	books@doorae.org

ISBN   979-11-960374-2-0 (03230)